HOLOCAUSTO E MEMÓRIA

MARCOS GUTERMAN

Copyright © 2020 do Autor

Todos os direitos desta edição reservados à
Editora Contexto (Editora Pinsky Ltda.)

Montagem de capa e diagramação
Gustavo S. Vilas Boas

Preparação de textos
Lilian Aquino

Revisão
Bruno Gomes Rodrigues

Dados Internacionais de Catalogação na Publicação (CIP)

Guterman, Marcos
Holocausto e memória / Marcos Guterman. –
São Paulo : Contexto, 2020.
240 p.

Bibliografia
ISBN 978-85-520-0181-2

1. Holocausto – Memória coletiva 2. Holocausto – História
3. Nazismo – Memória coletiva I. Título

20-1315   CDD 940.531

Angélica Ilacqua CRB-8/7057

Índice para catálogo sistemático:
1. Holocausto – Memória coletiva

2020

EDITORA CONTEXTO
Diretor editorial: *Jaime Pinsky*

Rua Dr. José Elias, 520 – Alto da Lapa
05083-030 – São Paulo – SP
PABX: (11) 3832 5838
contexto@editoracontexto.com.br
www.editoracontexto.com.br

Veio, veio.
Veio uma palavra, veio,
Veio pela noite,
Queria brilhar, queria brilhar.
Cinzas.
Cinzas, cinzas.

Paul Celan, sobrevivente do Holocausto,
no poema "Stretto".

* * *

Se porventura sobrevivermos à guerra, andaremos
pelo mundo como seres de outro planeta, como se
estivéssemos vivos por milagre ou por engano.

Emanuel Ringelblum, em 1943, no Gueto de Varsóvia.

Para meus avós Szaja e Chaja Wajskopf.
Que sua memória jamais seja perdida.

Sumário

Introdução 9

PARTE 1
O Holocausto, por seus sobreviventes

O problema começa pelo nome 27
Os limites da História 35
O silêncio como única linguagem possível 43
Os sobreviventes e seus limites humanos 49
Quem somos nós para julgar? 75
"Deveriam passar pelo que passamos" 87

PARTE 2
O mundo e o Holocausto

O problema da simplificação 113
É possível a ficção no Holocausto? 123
As memórias roubadas 137
O Holocausto no cinema 149
O Holocausto como discurso político 179
Israel e o Holocausto 217

Bibliografia 231
O autor 235

Introdução

Este livro foi escrito a partir do silêncio.

Meus avós Szaja (1909-2003) e Chaja Wajskopf (1914-2006), pais de minha mãe, Rachela, sobreviveram aos campos da morte nazistas, mas jamais conseguiram relatar suas experiências senão a partir de uma brevíssima série de histórias que se repetiam. Guardei-as quase todas: de como meu avô, Szaja, conseguiu o trabalho de alfaiate no campo ao observar o bolso rasgado de um soldado da SS, a tropa de elite dos carrascos nazistas, e alertá-lo de que aquele desleixo poderia lhe causar problemas; de como ele lutou para se curar de uma ferida no pé para evitar a gangrena que o tornaria inútil para o trabalho, o que, naquelas circunstâncias, era a diferença entre viver e morrer; de como ele foi encontrado pelos libertadores americanos entre os cadáveres do campo de concentração de Dachau, nos arredores de Munique, pesando menos de 40kg aos 36 anos de idade. Ou então de como minha avó, Chaja, que conseguiu fugir

HOLOCAUSTO E MEMÓRIA

de Auschwitz em meio à confusão da destruição do campo já no final da guerra, saiu pelas estradas polonesas e viu sobreviventes famintos morrerem empanturrando-se da comida deixada nas fazendas abandonadas. Foram essas histórias que, na minha infância, me fizeram imaginar o cotidiano dos campos e guetos e a tragédia do Holocausto, mas elas evidentemente eram incompletas, como hoje sei. Certamente meus avós sofreram dores inimagináveis, em situações que escapam à compreensão humana, mas nunca falaram delas além do que julgavam necessário ou possível, nem jamais entraram em detalhes – preferiam refugiar-se nas conhecidas duas ou três histórias que repetiam sempre. No entanto, eles "contavam" de outras maneiras o que lhes era impossível relatar por meio da comunicação oral: nas festas judaicas na casa de meu avô, por exemplo, ele jamais deixou sobrar alimentos; comia o que os outros desprezavam, sem fazer nenhum alarde, sem expressar qualquer censura. Silenciosamente. Minha avó, por sua vez, comia o mais rápido que podia, e sentava-se na beira da cadeira, como se tivesse de ir embora a qualquer momento, como se alguém fosse lhe tirar a comida do prato. Era dessa forma que eles "falavam" sobre a terrível fome crônica e as privações que enfrentaram no campo.

Para um historiador disposto a reconstituir a realidade dos campos da morte nazistas, a memória dos sobreviventes é indispensável, mas é evidente que tal memória é incompleta e, por vezes, contraditória. Um sobrevivente que entrevistei para este livro, Francisco Balkanyi, disse, por exemplo, que a viagem de trem que fez ao ser deportado pelos nazistas da Croácia para Auschwitz foi "tranquila". Porém, é simplesmente impossível que tenha sido dessa forma, pois se sabe que essas viagens eram infernais, com pessoas amontoadas umas sobre as outras, sofrendo terríveis privações, como uma espécie de antessala do genocídio. O que teria bloqueado a memória do sr. Balkanyi?

INTRODUÇÃO

O que ele viu ou sofreu ali que o impede de lembrar o que realmente aconteceu? Difícil saber.

Nem tudo pode ser dito, seja porque a experiência do sobrevivente envolve situações incompreensíveis, extremamente dolorosas ou moralmente abjetas, seja porque há o imenso fardo da culpa de ter sobrevivido, enquanto toda a família e todos os amigos pereceram, seja porque a memória, afinal, é muitas vezes o repositório não de fatos concretos, mas de traumas insuperáveis. A ninguém neste mundo é permitido fazer julgamentos acerca desse comportamento ou dessas limitações; resta-nos, como historiadores de boa-fé, tentar apenas compreender de que modo essa experiência absolutamente excruciante molda a memória do Holocausto.

O primeiro aspecto a se considerar é a própria idade avançada de muitos desses sobreviventes, o que naturalmente mina sua capacidade de lembrar com precisão o que houve. Há casos de ex-prisioneiros que eram crianças na época de seu tormento e podem confundir lembranças com fantasias infantis. Há ainda os sobreviventes que não querem lembrar, pois talvez tenham cometido atos moralmente reprováveis nos campos e preferem se fixar numa narrativa menos comprometedora. E há aqueles que, temerosos de que sua história seja colocada em dúvida, em razão da monstruosidade do que eventualmente possam relatar, preferem contar uma espécie de história padronizada sobre o Holocausto, à qual o mundo já esteja habituado, em razão, principalmente, da abordagem superficial e estereotipada feita pela literatura popular e pelo cinema a respeito do assunto. Esse tipo de narrativa funcionaria, portanto, como uma zona de segurança para os sobreviventes, na qual estariam livres de questionamentos e detalhes por vezes constrangedores.

Assim, os limites da capacidade de lembrança dos sobreviventes impedem que se conheça a real dimensão do Holocausto, representando, portanto, um considerável obstáculo para a reconstituição do genocídio e mesmo para a preservação da memória sobre esse evento que definiu a noção de crime contra a humanidade. Mas está longe de ser o único.

* * *

Em dezembro de 2018, a emissora norte-americana CNN divulgou uma pesquisa estarrecedora. Realizado na Europa, o levantamento mostrou que um terço dos 7 mil entrevistados sabia muito pouco ou quase nada a respeito do Holocausto – o assassinato sistemático de cerca de 6 milhões de judeus pelos nazistas durante a Segunda Guerra Mundial. Um em cada 20 entrevistados simplesmente nunca ouvira falar do Holocausto. Na Áustria, terra natal do ditador nazista Adolf Hitler, 40% disseram ter pouco conhecimento do assunto. E um terço dos europeus afirmou que eventos destinados a relembrar o Holocausto se prestam a desviar a atenção de atrocidades atuais, a seu ver mais importantes.[1]

Fenômeno semelhante, embora em menor escala, se observa nos Estados Unidos. Uma pesquisa divulgada em abril de 2018, feita por encomenda da Conference on Jewish Material Claims Against Germany, organização que desde a década de 1950 busca indenização da Alemanha para os sobreviventes do Holocausto, constatou que 10% dos adultos norte-americanos não sabem bem o que foi o genocídio dos judeus europeus. O porcentual de relativa ignorância sobe a 20% quando os entrevistados são os chamados *millennials*, isto é, jovens entre 18 e 34 anos. Metade desse contingente não soube citar o nome de um único campo de concentração – nem mesmo Auschwitz, que é o símbolo máximo do extermínio industrial dos judeus.[2]

Nada disso quer dizer, necessariamente, que haja dúvida a respeito do Holocausto. A própria pesquisa americana constatou que, apesar do desconhecimento de alguns, mais de 90%

dos entrevistados disseram ter certeza de que aquele crime contra a humanidade realmente ocorreu. Na pesquisa europeia, dois terços dos consultados declararam que lembrar o Holocausto é importante para evitar que crimes como esse se repitam. Tais índices, em tese, dão pouca margem para o negacionismo, isto é, o movimento antissemita com ramificações mundiais que se dedica a negar o Holocausto. O problema mais importante que essas sondagens apontam, contudo, é que a própria memória do Holocausto está se esvaindo. Paradoxalmente, a imensa e contínua produção acadêmica e artística que se dedica a esse tema não parece ser, por si só, capaz de perenizar essa memória nem sequer em seus detalhes mais banais, que dirá em toda a sua plenitude.

O problema ganha especial dimensão quando se constata que há apenas 400 mil sobreviventes do Holocausto em todo o mundo, a maioria com idade entre 80 e 90 anos. Ou seja, em breve não haverá mais quem possa relatar, em primeira pessoa e de viva voz, o que se passou nos campos de extermínio e nos guetos da Europa durante a Segunda Guerra Mundial. É claro que muitos testemunhos desses sobreviventes foram salvos para a posteridade, alguns em projetos de grande relevância, como o da Fundação Shoah, criada em 1994 pelo cineasta Steven Spielberg e que, desde então, preservou em vídeo mais de 50 mil relatos. No Brasil, trabalho semelhante está sendo feito pelo Arquivo Virtual sobre Holocausto e Antissemitismo (Arqshoah), cujo núcleo de estudos, ligado à Universidade de São Paulo, já entrevistou dezenas de sobreviventes desde 2006. Mas nada é capaz de causar tanto impacto e despertar tanto interesse quanto ouvir pessoalmente, da boca daqueles que viram e viveram o inominável inferno nazista, as palavras que, de alguma forma, dão substância à tragédia do Holocausto. Sem a presença física desses sobreviventes entre nós, aumenta consideravelmente a responsabilidade dos que se dedicam a preservar a memória dessa catástrofe.

Este livro é parte desse esforço. No entanto, não se trata de mais uma seleta de depoimentos de sobreviventes ou de mais um inventário da crueldade nazista nos campos de extermínio, embora trabalhos desse tipo obviamente conservem sua importância. Aqui, o que se propõe é ir além e tentar compreender de que maneira a memória do Holocausto foi construída no imaginário mundial. Trata-se, portanto, de uma investigação não do Holocausto em si, já bastante estudado, mas do modo como o mundo memoriza e interpreta esse que foi o maior crime da história da humanidade.

* * *

Mas, afinal, o que foi o Holocausto? Passadas mais de sete décadas do fim da Segunda Guerra, a resposta a essa questão, aparentemente banal, representa hoje, na verdade, um enorme desafio. Pois o que se sabe sobre o Holocausto, isto é, o que se consagrou ao longo de todos esses anos no imaginário mundial a respeito do massacre dos judeus europeus pelos nazistas, é, como tudo em História, uma construção.

Com isso não se quer dizer, é claro, que se trata de uma mentira ou invenção, como fazem os negacionistas do Holocausto, que se dedicam a desacreditar os relatos dos sobreviventes e a disseminar falsidades sobre o genocídio. O que este livro pretende é justamente o contrário: demonstrar que o conhecimento popular sobre o Holocausto é em grande medida elaborado por elementos narrativos e memorialísticos que conseguem apenas arranhar o que de fato aconteceu nos campos da morte, seja porque os nazistas trataram de destruir documentos e demolir os campos de extermínio ao final da guerra, na tentativa de apagar seus crimes da História, seja porque a própria memória dos sobreviventes, por razões que este livro vai abordar, é muito limitada.

Tudo isso considerado, percebe-se o quão difícil é historiar o que de fato aconteceu nos campos da morte. Hollywood e seus roteiristas resolveram a questão à sua maneira, com mocinhos e bandidos claramente definidos em um sem-número de filmes, alguns de enorme sucesso. O Holocausto, de tão forte, tornou-se um gênero cinematográfico próprio. Nem sempre foi assim, pois, como veremos, houve uma época, logo depois da Segunda Guerra, em que o tema do massacre dos judeus europeus pelos alemães e seus cúmplices foi deixado de lado por conveniências políticas por parte dos Aliados, que não pretendiam melindrar os alemães no momento em que havia o risco de ver a Alemanha bandear-se para o lado da União Soviética. Assim que esse risco foi afastado, ficou livre o caminho para a transformação do Holocausto em vasto objeto de pesquisa e estudo, ao mesmo tempo que, por sua terrível dimensão, constituiu inesgotável fonte de inspiração para inúmeros filmes.

É claro que foram sobretudo esses filmes, e não o trabalho dos historiadores, que moldaram o modo como a maior parte do mundo define o Holocausto. A "explicação" do genocídio dos judeus consolidou-se, para todos os efeitos, a partir da natural simplificação proporcionada pelas obras cinematográficas em geral. É muito mais fácil "entender" e saber "o que foi" o Holocausto vendo esses filmes, que, salvo raríssimas exceções, não põem em dúvida, em nenhum momento, quem eram os carrascos e quem eram as vítimas. Aliás, foi justamente em razão dessa muito bem definida caracterização consagrada pelo cinema que os nazistas passaram a ser vistos como a mais perfeita encarnação do Mal, uma visão muito conveniente para todos: para os alemães, que conseguiram lidar com seu sentimento de culpa, em parte atribuindo exclusivamente aos oficiais nazistas os crimes cometidos pelo país; para as potências ocidentais, que antes e mesmo durante a guerra haviam adotado uma atitude ambígua em relação aos judeus, ignorando a necessidade evidente de tentar salvá-los de alguma maneira; para o governo da Rússia soviética, cujo regime se empenhou em passar à História como campeão da luta contra o fascismo, ao mesmo tempo que era tão totalitário quanto o regime nazista e havia cometido crimes quase tão hediondos quanto os do Terceiro Reich, não apenas contra a população dos países sob sua esfera de influência, mas contra seu próprio povo; e, finalmente, para as lideranças judaicas que, durante a guerra, em nome da salvação de parte dos judeus, ajudaram os nazistas na logística do extermínio.

Nem é o caso, aqui ou em qualquer parte deste livro, de fazer julgamentos morais a respeito disso. No entanto, é preciso, em nome da História, entender como a memória do Holocausto foi elaborada, para que se possa conhecer sua verdadeira natureza, em suas diversas dimensões – todas elas tremendamente humanas. Para isso, é necessário investigar como esse evento trágico é narrado pelos protagonistas – vítimas e carrascos – e identificar os limites subjetivos, temporais e políticos dessas narrativas.

* * *

A História nunca é o retrato absolutamente fiel do passado, por maiores que sejam a dedicação e a honestidade intelectual dos historiadores, a lisura dos eventuais testemunhos e a riqueza das fontes documentais. Isso não quer dizer, nem de longe, que a reconstituição do Holocausto seja impossível; quer dizer que qualquer reconstituição histórica é filha de seu tempo, resultado de questões candentes do presente que nos remetem ao passado em busca de respostas, nenhuma delas definitiva. Desejamos o conforto da explicação histórica cabal, buscamos sofregamente a determinação convincente das origens daquilo que nos afeta no tempo presente, como nas narrativas religiosas, que para tudo oferecem respostas com começo, meio e fim; no entanto, algumas vezes, diante de fatos como a dimensão transcendental do Holocausto, essa explicação, se houver, será sempre insuficiente.

O Holocausto aconteceu há menos de um século, intervalo de tempo insignificante para que se tenha uma completa compreensão de suas múltiplas faces e para que se guarde distanciamento emocional de tamanha catástrofe. As testemunhas do Holocausto são, elas próprias, cativas de uma experiência apenas parcial e naturalmente traumática, razão pela qual seus depoimentos devem ser compreendidos não como relatos fiéis do passado, mas como expressão de perplexidade. Não se trata, é claro, de pôr em dúvida esses depoimentos, pois os sobreviventes, mais do que ninguém, sabem perfeitamente o que padeceram nos campos de concentração e nos guetos. Trata-se apenas de entender de que maneira essa narrativa atende às necessidades emocionais dos sobreviventes; nesse aspecto, o que eles não dizem (ou não conseguem dizer) talvez seja até mais importante do que suas dramáticas histórias, muitas já bastante conhecidas.

Assim, em consideração à centralidade do testemunho dos sobreviventes para a memória do Holocausto, a primeira parte deste livro se dedica a demonstrar o problema do que hoje se convencionou chamar, nos discursos de defensores de minorias, de "lugar de fala" – que grosseiramente pode ser definido como a obrigação moral de aceitar que somente quem sofreu na pele a tragédia ou o preconceito tem autoridade para falar sobre o assunto. Há quem entenda, como o historiador alemão Gershon Scholem, que somente os sobreviventes do Holocausto são capazes de relatar e julgar o que enfrentaram nos campos da morte, sendo inaceitáveis quaisquer observações, mesmo as de caráter eminentemente histórico, em relação a seu comportamento durante o processo de genocídio.

De uma forma ou de outra, essa sacralidade atribuída aos sobreviventes e à sua memória dificulta a verdadeira compreensão de seu inominável drama, pois desautoriza, de saída, qualquer questionamento acerca de suas lembranças, mesmo os motivados pela boa-fé de historiadores que apenas pretendem obter respostas mais precisas às suas perguntas.

O objetivo, aqui, é de certa forma dessacralizar essa memória, isto é, compreender sua natureza intrinsecamente humana e, portanto, complexa e muitas vezes paradoxal, muito longe do padrão consagrado pela cultura popular. O capítulo vai se dedicar especialmente a demonstrar como as condições desumanas dos guetos e dos campos de concentração e de extermínio ajudaram a moldar a memória ali produzida.

A redução dos judeus à condição de animais nos campos e guetos tinha, entre outros objetivos, a intenção de aniquilar sua capacidade de recordar – como se sabe, animais não têm memória, senão aquela suficiente para se manterem vivos. Então, a realidade dos campos, como fonte de distúrbios psicológicos gravíssimos, é um fator importante para dimensionar a capacidade dos sobreviventes de lembrar o que passaram ali, razão pela qual merecerá uma análise mais detida.

No mesmo capítulo, será abordado o padrão narrativo dos sobreviventes. É esse padrão, como veremos, que confere segurança aos narradores, desde sempre apreensivos com a possibilidade de que sua história e suas experiências não sejam compreendidas – ou, pior, sejam objeto de dúvidas e descrédito. Há, portanto, consideráveis limites para os relatos orais que têm servido como referência quando se procura reconstituir o Holocausto. Abordá-los não significa menosprezar o sofrimento ou relativizar o que houve, e sim procurar entender a natureza e as motivações das eventuais omissões e lacunas nos relatos dos sobreviventes.

A segunda parte centra-se na visão do mundo a respeito do Holocausto, seja na forma de narrativa popular, seja como instrumento político. O ponto de partida é o problema da simplificação: como reduzir o Holocausto para fazê-lo caber em modelos narrativos e artísticos convencionais e mesmo para torná-lo compreensível para as grandes plateias.

A narrativa cinematográfica do Holocausto tem importância indiscutível para a consagração da ideia que temos hoje sobre aquele evento cataclísmico. É preciso, por essa razão, detalhar como se chegou a esse padrão, construído a partir de determinadas demandas artísticas, políticas e morais. Como veremos, há toda uma discussão a respeito da existência de uma barreira ética e moral a impedir que o Holocausto seja retratado artisticamente. Essa barreira, segundo os mais ortodoxos guardiões da memória do Holocausto, praticamente criminaliza filmes como *A lista de Schindler* e *A vida é bela* porque ousaram interpretar o que, em sua opinião, não é e jamais será passível de interpretação.

O cinema, por sua própria natureza, preocupa-se antes com o impacto artístico dos filmes do que com a verdade dos fatos que retrata. De novo, não se quer dizer aqui que os filmes sobre o Holocausto mintam sobre o que se passou nos campos da morte; o que o capítulo pretende é mostrar que o compromisso primordial do cinema não é informar a plateia, mas impressioná-la – e, sendo assim, os filmes que retratam o massacre dos judeus se prestam a ser tanto uma homenagem às vítimas como uma forma de o mundo se penitenciar por sua atitude passiva em relação ao massacre dos judeus na época em que o Holocausto acontecia e já não era segredo para mais ninguém.

Já em relação à literatura produzida pelas vítimas, trata-se de identificar, para além das histórias dramáticas ali expostas, a tentativa de preservação de uma memória que, de uma forma ou de outra, seus autores sabiam que estava a ponto de ser destruída por seus algozes. A impressionante viagem histórica empreendida por essas vozes, que, a despeito da morte de seus donos, conseguiram escapar dos muros dos guetos e das grades dos campos de concentração para retratar o Holocausto aos leitores dos dias de hoje, é uma vitória contra os inimigos da humanidade.

A força dessa memória é tão poderosa que há quem pretenda apropriar-se dela mesmo sem ter passado pela terrível experiência dos campos nazistas e dos guetos. Veremos, então, os casos de personagens que inventaram para si tocantes biografias como sobreviventes, atraindo a atenção do mundo, e que causaram choque e estupefação quando essas biografias se mostraram falsas. É como se esses autores estivessem a reivindicar a possibilidade de passar pela experiência única do Holocausto, ainda que à custa de uma falsificação – com a óbvia expectativa de que essa narrativa encontrasse uma recepção favorável e solidária, como normalmente acontece com os relatos de sobreviventes. Antes de descartar completamente essas fraudes pelo fato de que, afinal, não passam de fraudes, é preciso se perguntar se um relato sobre o Holocausto, por mais impactante que seja, perde a validade por se revelar afinal uma ficção – matéria-prima da arte.

O penúltimo capítulo abordará o Holocausto como discurso político, que se manifesta das mais diversas maneiras. Mesmo o negacionismo é, em si, uma narrativa política, pois se enquadra na luta pelo poder de determinar a memória da humanidade. Por essa razão, será necessário abordar a mecânica do negacionismo e seus principais personagens, inclusive no Brasil.

O receio de que o Holocausto pudesse ser esquecido, ou que pudesse ser colocado em dúvida, foi fundamental para a proliferação de monumentos e memoriais para marcar o genocídio, mesmo antes do fim da guerra. O capítulo vai expor as diversas formas de representação expressas pelos principais monumentos – que enfrentam as mesmas dificuldades de representação com as quais a arte tem de lidar ao abordar o Holocausto. E também vai questionar a centralidade do campo de concentração de Auschwitz como símbolo do genocídio.

INTRODUÇÃO

Mais adiante, será mostrado como a memória do Holocausto se tornou instrumento de propaganda frequentemente utilizado graças à sua banalização e ao uso do termo para designar qualquer massacre. A memória do Holocausto é apropriada em discursos políticos os mais diversos, sempre na intenção de causar impacto e constrangimento – afinal, nada mais chocante do que atribuir ao inimigo a pecha de genocida e acusá-lo de cometer um "holocausto". Tornou-se comum atribuir um comportamento "nazista" a governos que impõem restrições à entrada de imigrantes, e até militantes da causa animal já usaram o Holocausto em sua propaganda, dizendo que as pessoas que produzem e comem carne agem como "nazistas". O reiterado abuso do termo acabou por esvaziá-lo de significado, especialmente à medida que o evento que ele designa vai ficando cada vez mais distante no tempo. A memória construída dessa maneira tende a ser completamente distorcida – o que, no limite, rouba das verdadeiras vítimas do Holocausto o protagonismo de sua própria história. É como se um novo genocídio, este ideológico, muitas vezes com inegáveis intenções antissemitas, estivesse em curso.

Por fim, o último capítulo abordará a óbvia relação entre o genocídio dos judeus europeus e a fundação do Estado de Israel, cujo estabelecimento pela Organização das Nações Unidas em 29 de novembro de 1947 foi uma resposta até natural ao Holocausto – ainda que o movimento sionista moderno, que reivindicava a autodeterminação do povo judeu e a existência de um Estado nacional judaico como proteção contra o feroz antissemitismo na Europa, já estivesse em ação desde o final do século XIX. Mas a justificativa plenamente aceitável da criação de Israel como lugar onde os judeus remanescentes do massacre poderiam se proteger a si mesmos – abrindo mão da historicamente volúvel boa vontade dos governos de países nos quais os judeus haviam construído sólida presença, mas

21

jamais foram inteiramente reconhecidos como parte legítima da nação – acabou se convertendo em poderoso instrumento político. Por razões gritantemente óbvias, a mera perspectiva de destruição completa do povo judeu, que quase foi levada a efeito pelos nazistas, basta para sustentar com sobras qualquer discurso nacionalista israelense, que se traduz pelo poderoso *slogan* "Que não aconteça de novo!". Assim, como veremos, a memória do Holocausto sustenta parte considerável desse nacionalismo, ainda que, na prática, e paradoxalmente, os cerca de 200 mil sobreviventes do genocídio que moram em Israel sejam frequentemente maltratados pelo governo – cerca de um terço deles recebe pensões insuficientes e é condenado a viver na extrema pobreza. Por dia, 45 deles morrem, e vários nem sequer chegaram a receber qualquer ajuda.

Mesmo em Israel, portanto, a memória do Holocausto é ambígua, pois muitos sobreviventes se queixam de que são tratados como culpados pela própria desgraça. Para a imagem de Israel, um país que surgiu da luta quase sempre sangrenta pela autodeterminação do povo judeu, a lembrança de frágeis judeus rendendo-se sem reação aos algozes nazistas não condizia com a imagem de força que os israelenses pretendiam transmitir ao mundo e a si mesmos. À época da fundação e das guerras de independência de Israel, muitos consideravam os milhares de imigrantes sobreviventes do Holocausto, a maioria dos quais com graves problemas de saúde física e mental, um fardo que o nascente Estado não tinha condições de suportar, malgrado o fato de que Israel havia surgido, entre outras razões, como resposta ao genocídio. O Holocausto, assim, tornou-se muito cedo um grande problema político para Israel.

Como se vê, o Holocausto, dada a sua magnitude, nunca foi tratado apenas como um evento histórico – é desde sempre, e cada vez mais, uma contundente referência retórica largamente utilizada em múltiplas situações e com variados propósitos, pois nos adverte sobre a possibilidade concreta da existência do Mal absoluto, inclusive em nós mesmos.

O objetivo deste livro é, portanto, descrever e analisar as muitas formas de interpretar o Holocausto. Não se pretende, aqui, denunciar fraudes e distorções, embora, sempre quando for o caso, a natureza mentirosa ou perversa de determinadas "memórias", destinadas a confundir os incautos e alimentar o negacionismo ou o antissemitismo, será ressaltada. A intenção é que a leitura dessas possibilidades de interpretação, em seu conjunto, permita que se dimensione melhor a enorme complexidade do tema, especialmente em atenção àqueles que sofreram na carne o que nem mesmo eles conseguem definir. Somente dessa maneira seremos capazes de começar a entender a intrincada trama emocional que envolve o Holocausto, que não pode ser descrito, em toda a sua profundidade, nem mesmo se pudéssemos usar todas as palavras do mundo.

NOTAS

[1] "A Shadow Over Europe: Anti-semitism in 2018", CNN, dezembro de 2018. Disponível em <https://cnn.it/2Qr3Rbw>, acesso em 20 jan. 2019.

[2] "New Survey by Claims Conference Finds Significant Lack of Holocaust Knowledge in the United States", Claims Conference, abril de 2018, disponível em <http://www.claimscon.org/study/>, acesso em 17 dez. 2019.

PARTE 1

O Holocausto, por seus sobreviventes

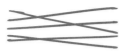

O PROBLEMA COMEÇA PELO NOME

Este livro vai chamar de "Holocausto" o massacre dos judeus europeus durante a Segunda Guerra. É a decisão mais cômoda, pois esse é o nome mais conhecido daquele terrível evento, e provavelmente muitos leitores nem imaginam que há outras diversas maneiras de se referir a ele. Isso acontece sobretudo porque a cultura popular de certa forma consolidou o termo "Holocausto", especialmente no cinema – como veremos na Parte 2, a primeira produção americana de grande sucesso sobre o tema, uma minissérie, ganhou o nome de *Holocausto*. Assim, diante desse aparente consenso, não haveria motivo para criar problemas para o leitor. No entanto, este é um bom problema, se o que se pretende é convidar o leitor a refletir sobre como o mundo construiu a memória a respeito deste que é o maior crime já cometido em sua História. Pois a escolha do próprio termo "Holocausto" tem implicações importantes: significa aceitar um viés religioso acerca do massacre, já que "Holocausto" é um termo grego, *"holokauston"*, derivado do hebraico *"olah"*, que se refere à oferta de sacrifício a Deus pelo fogo.

Não são poucos, inclusive entre os sobreviventes, os que rejeitam chamar o genocídio judeu de "Holocausto" justamente porque pode sugerir que os judeus foram queimados em "sacrifício" divino. Mas também é compreensível que a primeira denominação que se deu ao assassinato industrial de 6 milhões de judeus pelos nazistas tenha sido, por sua dimensão inaudita, um termo religioso, que se presta a nomear um evento que escapa ao entendimento humano.

Assim, aceitar o termo "Holocausto" como uma espécie de nome oficial do crime nazista contra os judeus é, de certa forma, relegar esse acontecimento ao terreno do misticismo. O escritor romeno Elie Wiesel, ele mesmo um sobrevivente do campo de extermínio de Auschwitz e um dos primeiros a usar a palavra "Holocausto" para nomear aquele terrível evento, disse que preferiu o "aspecto místico" desse termo não apenas em razão de sua proximidade como o hassidismo – ramo místico do judaísmo ortodoxo –, mas também porque não encontrou nenhuma outra expressão eloquente o bastante para "traduzir o que havíamos vivido".[1]

Aceitar que a única forma de pensar o Holocausto talvez seja imaginá-lo como um evento de caráter religioso facilita um bocado as coisas: afinal, se é de mistério que se trata, como tudo em religião, o mundo está dispensado de refletir sobre suas responsabilidades históricas em relação a essa tragédia. Compreende-se o Holocausto como uma exceção, fruto de loucura, de transe coletivo ou simplesmente da maldade diabólica de um punhado de nazistas, e não como produto direto da modernidade. Pode-se dizer mesmo, aliás, que o

Holocausto não teria acontecido se não fossem os dois principais símbolos da modernidade: o progresso científico, que possibilitou a técnica da morte em escala industrial, e a sociedade de massas, que transformou multidões de homens, mulheres e crianças em seres descartáveis. Foi no coração de uma civilização que se orgulhava de seus feitos técnicos, científicos e culturais que se engendrou a própria negação da humanidade. Enquadrar esse processo e seu resultado trágico em uma narrativa semelhante à das catástrofes bíblicas é, para alguns, a única maneira de resolver um problema crucial da História do Holocausto, isto é, que o extermínio dos judeus é algo que de certa forma está além da capacidade humana de compreensão. Assim, o nome "Holocausto" não se consagrou por acaso: é o termo que retira do campo da História um acontecimento para o qual não se tem uma explicação – ou, talvez seja melhor dizer, para o qual a explicação seja uma tal negação da civilização e envolva tamanho colapso moral que muitos preferem não conhecê-la.

Mesmo as alternativas ao termo "Holocausto" para designar a tragédia dos judeus, ainda que a intenção seja em parte resgatar o aspecto histórico do acontecimento, não são inteiramente dissociadas do pensamento religioso. Há quem rejeite "Holocausto" porque poderia sugerir que os judeus foram queimados como forma de expiação por seus pecados, o que é uma conotação obviamente absurda. O filósofo italiano Giorgio Agamben, por exemplo, foi explícito a esse respeito, ao considerar inadmissível zombaria qualquer vinculação, mesmo remota, entre o massacre dos judeus nas câmaras de gás e o holocausto bíblico. Para ele, o termo "não só supõe uma inaceitável equiparação entre fornos crematórios e altares, mas acolhe uma herança semântica que desde o início traz uma conotação antijudaica" e, em razão disso, quem o usa "demonstra ignorância ou insensibilidade (ou uma e outra coisa ao mesmo tempo)".[2]

Há quem prefira chamar o extermínio dos judeus de "Churban", ou "destruição" em hebraico – e parece não ter sido por acaso que Raul Hilberg, decano dos historiadores do genocídio dos judeus, deu à sua principal obra o título de *A destruição dos judeus da Europa*. Mas "Churban" serve originalmente para se referir à destruição do Segundo Templo em Jerusalém, no ano 70 da Era Cristã, evento cuja lembrança, para os judeus ortodoxos, é o que une os judeus da diáspora e dá sentido religioso à nação judaica. Segundo a interpretação ortodoxa, os romanos massacraram os judeus e destruíram o Templo não em razão de sua superioridade militar, mas porque os judeus estavam à beira de uma guerra civil, na qual se opunham os que advogavam pela tradicional aproximação com as autoridades de Roma e aqueles que defendiam a revolta armada contra a dominação imperial. Essa exegese atribui aos próprios judeus a culpa pela sua ruína e pelo exílio, razão pela qual a lembrança da "Churban" é um momento de expiação. Não é difícil perceber, então, como esse nome é problemático, na medida em que, quando aplicado ao massacre dos judeus da Europa, indica, em primeiro lugar, uma linha de continuidade entre a destruição do Templo e a destruição dos judeus europeus, como se esta, como aquela, fosse um castigo pelos pecados dos judeus – o que sugere alguma forma de culpa das vítimas pelo seu próprio destino. Como veremos mais adiante, esse sentimento de culpa consome boa parte dos sobreviventes da "Churban".

Outro termo usado para se referir ao assassinato dos judeus na Segunda Guerra e que igualmente remete ao esquema bíblico de pecado e punição é "Shoah" – catástrofe, em hebraico. A expressão vai aparecer, por exemplo, no Livro de Jó, que retrata a terrível provação, aparentemente incompreensível, a que Deus submete um homem inocente. Diferentemente de "Churban", contudo, o termo "Shoah", com o tempo, foi sofrendo uma depuração e perdendo seu caráter religioso, restando somente seu aspecto histórico, prestando-se a dar a dimensão de uma tragédia inédita não só do povo judeu, mas da humanidade. O termo ganhou notoriedade com o documentário *Shoah* (1985), realizado pelo cineasta francês Claude Lanzmann. Como veremos na segunda parte deste livro, o filme foi um marco na narrativa do Holocausto, a ponto de incorporar o termo "Shoah" ao léxico francês para se referir especificamente ao massacre dos judeus europeus. O mesmo se deu em outras partes da Europa, como na Itália.

O nome "Shoah" para se referir ao massacre dos judeus pelos nazistas foi empregado pela primeira vez numa coletânea de testemunhos de judeus poloneses sobre a perseguição, publicada em Jerusalém em 1940, em hebraico, com o título *Sho'at Yehudei Polin* (A catástrofe dos judeus poloneses). Convém lembrar que em 1940 ainda não estava em curso o assassinato sistemático dos judeus na Polônia, que só seria deflagrado formalmente em 1942 e que seria denominado pelos nazistas, eufemisticamente, como "Solução Final da Questão Judaica Europeia" ("Endlösung der europäischen Judenfrage", em alemão); até aquele momento, a Shoah ainda estava em sua fase preambular, consistindo na matança a tiros de comunidades inteiras em vilarejos e na humilhação pública de judeus.

A iniciativa daquela publicação foi de movimentos sionistas, que com isso pretendiam caracterizar o genocídio como algo sem precedentes, diferentemente, como vimos, do que indicava o termo "Churban", que colocava o Holocausto como uma terceira tragédia judaica, depois da destruição, duas vezes, do Templo de Jerusalém. Conferia-se ao Holocausto a singularidade que legitimava, com sobras, as aspirações nacionais do povo judeu. Não à toa, o termo foi incorporado em 1953 ao calendário oficial israelense como "Yom HaShoah", ou o "Dia de Lembrança do Holocausto".

Mesmo diante de seu caráter quase oficial em Israel e na Europa, "Shoah" é um termo de compreensão quase impossível, como é, aliás, o genocídio dos judeus europeus em si mesmo. Por essa razão, trata-se talvez do termo mais adequado ao que se pretende: dar um nome ao que não pode nem deve ser limitado por uma palavra. Qualquer expressão, por mais acurada que seja, é incapaz de dar a total dimensão do que se passou com os judeus europeus entre 1933 e 1945, durante o governo nacional-socialista de Adolf Hitler sobre a maior parte do continente.

A esse propósito, o advogado polonês Rafael Lemkin, ao criar em 1944 a palavra "genocídio" (composição do grego "*genos*", que significa raça ou tribo, com o sufixo latino "*cídio*", que significa assassinato) para definir o massacre dos judeus europeus, reconheceu que não havia nem os termos adequados nem as leis necessárias para aplicar ao que estava ocorrendo com populações inteiras, particularmente com os judeus. "Aparentemente, não havia um nome adequado para esse fenômeno", escreveu Lemkin em 1946, lembrando o que disse em 1941 o então primeiro-ministro britânico, Winston Churchill, num discurso pelo rádio, quando se referiu ao Holocausto como "um crime sem nome".[3]

Em entrevista em abril de 2001 ao programa *Roda Viva*, da TV Cultura de São Paulo, o escritor Elie Wiesel, o maior dos

32

O PROBLEMA COMEÇA PELO NOME

porta-vozes dos sobreviventes do genocídio, disse que o popular termo "Holocausto" "nunca funcionou", e por uma razão simples: "Não há palavras". Nesse ponto, é melhor ficar com o Paul Celan, poeta romeno radicado na França e sobrevivente do Holocausto, para quem o genocídio só pode ser chamado de "aquilo que aconteceu".[4]

NOTAS

[1] Leila Danziger, "Shoah ou Holocausto? A aporia dos nomes", em *Arquivo Maarivi, Revista Digital de Estudos Judaicos da Universidade Federal de Minas Gerais*, n. 1, v. 1, outubro de 2007, p. 28.

[2] Giorgio Agamben, *O que resta de Auschwitz: o arquivo e a testemunha* [Homo Sacer III], São Paulo, Boitempo, 2008, p. 40.

[3] Raphael Lemkin, "Genocide", em *American Scholar*, v. 15, n. 2, abril de 1946, p. 227.

[4] Paul Celan, "Speech on the Occasion of Receiving the Literature Prize of the Free Hanseatic City of Bremen", *Collected Prose*, Nova York, Routledge, 2003, p. 33.

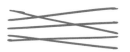

Os limites da História

O problema do nome do genocídio dos judeus europeus não é corriqueiro. Este livro optou por "Holocausto" apenas pela certeza de que a maioria dos leitores haverá de saber do que se trata, uma vez que essa é a denominação mais conhecida mundialmente para o terrível crime dos nazistas, mas isso não significa, nem de longe, que seja um ponto-final na discussão. É, na verdade, o seu início, com implicações profundas para a historiografia do Holocausto. Afinal, se não há um consenso nem mesmo a respeito do nome desse acontecimento, posto que não se conhece toda a sua magnitude nem sua complexa teia de motivos, implicações e consequências políticas, sociais e morais, tampouco é certo que o Holocausto esteja ao alcance da História. Isto é, talvez a História, mesmo diante de seu formidável progresso técnico desde o começo do século XX, com sua abertura para as múltiplas rugosidades do real e para as infinitas dimensões do humano, não disponha

HOLOCAUSTO E MEMÓRIA

de elementos nem métodos capazes de superar o limite imposto pelo Holocausto. E esse limite é justamente a ausência de termos capazes de dar substância àquela experiência.

O filósofo francês Jean-François Lyotard levantou essa questão ao sugerir que Auschwitz foi como um terremoto que "destruísse não apenas vidas, prédios e objetos, mas também os próprios instrumentos para medir a intensidade dos terremotos, direta e indiretamente".[1] Ou seja, para Lyotard, o Holocausto, além de sua imensa letalidade, abalou nossa fé na História como mecanismo de compreensão dos fatos humanos: "[Auschwitz] marca os confins onde o conhecimento histórico vê sua competência impugnada".

Não é o que pensam, é claro, os sobreviventes que ousam tentar contar o que viram e o que vivenciaram. Para eles, bem como para os que morreram, mas deixaram suas impressões escritas em diários ou em fragmentos de papel escondidos nos guetos e campos da morte, a única maneira de resgatar a humanidade que lhes fora brutalmente negada era e é colocar sua experiência na perspectiva da História. Para o escritor italiano Primo Levi, um dos principais memorialistas do Holocausto, mesmo que "o material mais consistente para a reconstrução da verdade sobre os campos seja constituído pelas memórias dos sobreviventes", essas memórias devem ser lidas "com olho crítico", pois o judeu prisioneiro, "cercado pela morte", muitas vezes "não era capaz de avaliar a extensão do massacre que se desenrolava sob seus olhos".[2] Ou seja, nem mesmo quem estava lá e viu com os próprios olhos a maldade humana em estado puro é capaz de dar a inteira medida do que testemunhou. E isso, é claro, angustia os sobreviventes, como expressou Robert Antelme, membro da Resistência Francesa contra os nazistas e que foi deportado para o campo de concentração de Buchenwald em 1944. Em seu livro *A espécie humana* (1947), Antelme diz que, nos dias seguintes à libertação do campo, ele

36

e seus companheiros sentiam-se como se estivessem "tomados por um delírio". Eles queriam falar, "finalmente ser ouvidos", mas lhes parecia "impossível preencher a distância que descobrimos entre a linguagem que dispúnhamos e essa experiência que, em sua maior parte, nos ocupávamos ainda em perceber em nossos corpos". Ou seja, não havia como alcançar, com palavras, a dor e o colapso moral a que esses prisioneiros haviam sido submetidos. "A nós mesmos", escreve Antelme, "aquilo que tínhamos a dizer começava a parecer inimaginável." Para ele, só seria possível "tentar dizer algo" sobre essa excruciante experiência "pela imaginação". Ou seja, a única forma de os sobreviventes se fazerem entender (e de eles mesmos conseguirem compreender o que viveram) seria por meio do simbólico, apelando à abstração, já que as explicações racionais seriam insuficientes. Como veremos na Parte 2, há quem discorde frontalmente desse raciocínio, como o cineasta Claude Lanzmann, diretor de *Shoah*, um dos marcos cinematográficos sobre o tema do Holocausto. Na opinião de Lanzmann, "para encarar o horror, é preciso renunciar a todas as distrações e evasões".[3]

Ainda assim, apesar de todas as polêmicas, dificuldades e controvérsias, é uma obrigação moral não deixar que esse evento cataclísmico caia no esquecimento, ou então seja transformado em narrativa equivalente à das tragédias bíblicas – que servem como parábolas espirituais e mesmo como literatura, mas são quase sempre vazias de significados históricos, como se a aniquilação dos judeus europeus tivesse resultado de uma catástrofe natural ou de uma provação divina.

A História tem especial importância para o povo judeu. Há quem, não sem alguma controvérsia, sustente que o que une os judeus, o que lhes garante a sobrevivência como povo ao longo de séculos, a despeito de toda a perseguição, não é a religião nem uma suposta linhagem étnica, mas sim a palavra – isto é, a memória. "Nossa história não trata do papel de Deus, mas do papel das

HOLOCAUSTO E MEMÓRIA

palavras. Deus é uma dessas palavras", argumentam o escritor israelense Amós Oz e sua filha, a historiadora Fania Oz-Salzberger,
no livro *Os judeus e as palavras* (2014).[4] E eles acrescentam: "Que fi-
que claro, a nossa história inclui linhagens étnicas e políticas, mas
não são estas suas principais artérias. Em vez disso, a genealogia
nacional e cultural dos judeus sempre dependeu da transmissão
intergeracional de conteúdo verbal. Trata-se da fé, é claro, mas
ainda mais efetivamente trata-se de textos. [...] Texto, questão, debate. Não sabemos quanto a Deus, mas a continuidade judaica
sempre foi pavimentada com palavras".[5]

Haveria, então, um compromisso existencial dos judeus pela
preservação de sua memória, especialmente diante da possibilidade real da aniquilação total, representada pelo Holocausto.
Houve esforços tremendos para que o mundo e as gerações seguintes soubessem o que se passou com os judeus naqueles anos
terríveis e, mais do que tudo, soubessem que os judeus um dia
existiram – uma vez que o objetivo dos nazistas era não apenas
exterminar fisicamente os judeus, mas sobretudo apagar todos
os traços da passagem desse povo pela Terra.

A guerra de Hitler contra os judeus era, portanto, uma guerra contra a memória da humanidade. A própria linguagem do
Terceiro Reich havia sido concebida para servir à destruição da
verdade e dos significados, e isso, conforme constatou o ensaísta
francês George Steiner, "se choca com o judaísmo, que é uma
cultura baseada talvez excessivamente na palavra, na articula-
ção e na possibilidade de encontrar significados e na constante
argumentação mesmo com Deus" – que, por definição, está acima da compreensão humana.[6]

Um dos esforços mais notáveis dos judeus nessa guerra contra Hitler pela História foi o Oyneg Shabes ("alegria do
Shabbat", em hebraico), nome que se deu à operação de salvação
da memória empreendida pelo historiador polonês Emmanuel
Ringelblum no Gueto de Varsóvia.

38

Os limites da História

Assim como Auschwitz serve para simbolizar o morticínio dos judeus nos muitos campos nazistas, o Gueto de Varsóvia, de tão conhecido, se presta a representar o sofrimento dos judeus encerrados pelo Terceiro Reich em diversos guetos espalhados pela Europa do Leste durante a Segunda Guerra. O Gueto de Varsóvia foi o maior desses bairros-prisões estabelecidos pela Alemanha nazista na Polônia. Em seu auge, chegou a ter quase 400 mil habitantes, cerca de 30% da população de Varsóvia na época. A partir de novembro de 1940, essa multidão teve de se amontoar em uma área equivalente a menos de 3% do território de Varsóvia, onde passou todo tipo de privação. Em 1943, depois que mais de 300 mil judeus do gueto haviam sido deportados para os campos de extermínio, uma parte dos remanescentes organizou uma revolta contra os nazistas, no heroico episódio que passou à História como o Levante do Gueto de Varsóvia.

Soldados da ss capturam judeus na repressão ao Levante do Gueto de Varsóvia. O local passou à história como símbolo da segregação dos judeus em guetos na Europa.

Anônimo, 1943 (National Archives and Records Administration)

Uma parte da resistência, contudo, não foi armada nem violenta. O historiador Ringelblum entendeu que uma forma de vencer os nazistas era permanecer na História, para a posteridade. Mais do que isso: que os nomes das vítimas fossem preservados, pois cada indivíduo, a partir de sua identidade, tem sua própria história. No processo de assassinato em massa, em que os nazistas se esforçaram para descaracterizar suas vítimas como seres humanos, faz todo sentido que se comece a resistência pela reafirmação de cada vida.

Assim, Ringelblum e seus companheiros decidiram organizar um arquivo no Gueto de Varsóvia, para recolher todas as memórias possíveis – documentos, testemunhos e registros – e mantê-las a salvo dos nazistas. Assim nasceu o Oyneg Shabes, símbolo da ânsia judaica de preservar a memória. Os documentos reunidos pelo grupo foram guardados em latões de leite e caixas metálicas enterrados em três pontos do Gueto, para serem recuperados depois da guerra – o que aconteceu somente em 1950, a partir das indicações de um dos raríssimos sobreviventes do Gueto. "O que não podemos gritar e bradar ao mundo enterramos no chão", escreveu o jovem David Graber, de 19 anos, em mensagem deixada em um dos latões. E ele acrescentou: "Gostaria de ver o momento em que o grande tesouro será desenterrado e anunciará a verdade ao mundo. Então possa o mundo saber tudo. Então possam se alegrar os que não sobreviveram, e possamos nos sentir como veteranos com a medalha no peito. [...] Agora podemos morrer em paz. Cumprimos a nossa missão. Que a história seja testemunha".[7] Outro voluntário que ajudou a enterrar as caixas e os latões escreveu: "Lembrem, meu nome é Nahum Grzywacz".[8] É um apelo para que se recorde que ali viveram indivíduos, e não apenas estatísticas. Ringelblum queria que fosse contada a história da gente comum ante a catástrofe.

Mas como explicar a catástrofe em si mesma? Os limites da História, mais uma vez, aparecem aqui. A jornalista e escritora polonesa Rokhl Elga Auerbach, ou simplesmente Rachel Auerbach, uma das mais importantes integrantes do arquivo Oyneg Shabes no Gueto de Varsóvia, escreveu que os judeus estavam como moradores de uma cidade atingida por uma grande enchente, em que seus gritos de socorro eram abafados pelo rugido das águas que a tudo destroem pelo caminho. Uma catástrofe natural, como se sabe, não tem motivos nem culpados. Rachel Auerbach temia que, no futuro, os gritos dos judeus do Gueto não fossem ouvidos e que tudo o que ali aconteceu fosse encarado como uma calamidade sem explicação. Por isso, mais do que tudo, a história, em toda a sua complexidade, tinha de ser conservada. "E se por um único dia de minha vida eu me esquecer de ti, meu povo, como te vi desesperado e confuso, entregue à extinção, que se esqueça tudo sobre mim e que meu nome seja amaldiçoado como o daqueles traidores indignos de partilhar tua dor", escreveu Rachel Auerbach num texto de 1943 intitulado Yizkor ("lembrar", em hebraico, nome que se dá à prece que os judeus fazem para recordar os mortos).[9] Não à toa, o texto de Rachel Auerbach é uma referência ao Salmo 137, em que os judeus, no exílio babilônico, relembram de Sião e prometem solenemente nunca esquecer de Jerusalém: "Se eu de ti me esquecer, ó Jerusalém, que se resseque a minha mão direita. Apegue-se-me a língua ao paladar, se me não lembrar de ti, se não preferir eu Jerusalém à minha maior alegria". O dever de preservar a memória dos judeus no Holocausto era, portanto, incontornável, pois disso dependia a sobrevivência do povo judeu, assim como na época do exílio na Babilônia.

Depois da guerra, Rachel Auerbach tudo fez para que os arquivos do Oyneg Shabes fossem desenterrados. Não foi fácil, uma vez que não havia interesse nessa documentação – afinal, já havia os sobreviventes para contar a história. Mas ela temia, com razão, que essa história fosse distorcida, isto é, que omitisse os detalhes por vezes moralmente constrangedores da terrível experiência nos guetos e nos campos de concentração e de extermínio. A história que devia ser contada era muito mais complexa e difícil de ser digerida pelo mundo e pelos próprios judeus. "Se nós escrevermos a história deste período de sangue e lágrimas – e acredito firmemente que escreveremos –, quem irá acreditar em nós?", perguntou o historiador Isaac Schiper em documento incluído nos arquivos do Oyneg Shabes. "Ninguém vai *querer* acreditar em nós, porque nossa catástrofe é a catástrofe de todo o mundo civilizado."[10] Conhecer efetivamente o Holocausto significa conhecer a essência do homem e, mais que isso, significa aceitar o terrível fato de que o mal está em todos nós. Diante disso, não poucos sobreviventes preferiram o silêncio, pois o que não é dito não pode ser refutado.

NOTAS

[1] Vivian Patraka, *Spectacular Suffering*: *Theatre, Fascism, and the Holocaust* (Unnatural Acts: Theorizing the Performative), Bloomington, Indiana University Press, 1999, p. 86

[2] Primo Levi, *Os afogados e os sobreviventes*, Rio de Janeiro, Paz e Terra, 2016, pp. 11-2.

[3] Claude Lanzmann, *Aqui não existe por quê*, Instituto Moreira Salles, 2012, p. 4.

[4] Amós Oz e Fania Oz-Salzberger, *Os judeus e as palavras*, São Paulo, Companhia das Letras, 2015, p. 65.

[5] Idem, pp. 9-10.

[6] George Steiner, "The Art of Criticism II", Entrevista para Ronald A. Sharp, em *The Paris Review*, n. 137, 1995, pp. 42-102.

[7] Samuel D. Kassow, *Quem escreverá nossa história? Os arquivos secretos do Gueto de Varsóvia*, São Paulo, Companhia das Letras, 2009, p. 19.

[8] Idem, p. 21.

[9] Idem, p. 255.

[10] Idem, p. 262, grifo no original.

O SILÊNCIO COMO ÚNICA LINGUAGEM POSSÍVEL

A compreensão do Holocausto, por mais documentos, registros e testemunhos que haja, é simplesmente impossível. À sua maneira, os sobreviventes sabem disso, assim como pareciam saber os que conseguiram deixar registros de sua experiência antes de serem assassinados.

"Nenhum ser humano pode imaginar como ocorreram precisamente os acontecimentos, e, de fato, é inimaginável que possam ser descritas exatamente como aconteceram nossas experiências [...]. Nós – o pequeno grupo de gente obscura que não dará muito trabalho para os historiadores",[1] escreveu Salmen Lewental, integrante de um Sonderkommando em Auschwitz – ou seja, ele era um dos judeus encarregados de recolher os cadáveres das câmaras de gás, retirar-lhes os dentes de ouro, os cabelos e outros objetos de valor eventualmente escondidos em seus orifícios e encaminhá-los para os fornos crematórios. Em umas poucas páginas que escondeu perto de um dos crematórios do campo, Lewental não apenas conseguiu deixar seu testemunho, como levantou um dos principais problemas da historiografia do Holocausto: nem se fosse possível reunir todos os fatos acerca do massacre dos judeus europeus durante a Segunda Guerra, mesmo em seus mais minuciosos detalhes, isso jamais seria o bastante para compreender a plenitude do que esses fatos envolvem. É o que o filósofo italiano Giorgio Agamben chamou de "aporia de Auschwitz", que seria "a própria aporia do conhecimento histórico".[2] Isto é, a dificuldade de compreensão (aporia) do Holocausto é tão grande que, na prática, deixa a História desse acontecimento em uma encruzilhada insuperável.

Ainda assim, a despeito disso tudo, a maioria dos sobreviventes dá seu testemunho, alguns de forma contundente e eloquente, como uma missão. Desses, contudo, tratarei mais adiante. Agora, importa falar dos que silenciam.

"O mundo de Auschwitz localiza-se fora da linguagem humana, assim como se encontra fora da razão", argumenta o ensaísta francês George Steiner.[3] Se é assim, então as técnicas ordinárias de linguagem são incapazes de traduzir o que foi o Holocausto, sendo preferível, portanto, o silêncio. Há quem considere, como Steiner, que qualquer forma de descrição do Holocausto em linguagem normal e articulada seria uma forma de redução, isto é, seria tornar o Holocausto, de certa maneira, um acontecimento aceitável. Por isso, a experiência do Holocausto só poderia ser descrita talvez em termos teológicos ou místicos.

Nessa forma radical de interpretação, a linguagem humana, limitada em si mesma pelo intelecto e pela imaginação, seria incapaz de expressar a experiência do Holocausto, de conceituar e entender o significado e a magnitude de Auschwitz. A linguagem humana não teria como compreender nem tampouco descrever a abismal desumanidade do Holocausto, tornando

Sobreviventes amontoam-se num dos barracões de Auschwitz no momento da libertação do campo; experiência sem sentido.

impossível, dentro dos parâmetros da razão humana e do discurso, a comunicação daquela catástrofe. Não surpreende, diante disso, que o silêncio seja uma opção – talvez a única. "Tentar falar ou escrever inteligivelmente sobre Auschwitz é conceber de maneira totalmente equivocada a natureza daquele evento", argumenta Steiner.[4]

Não são poucos os que consideram que não há meios de um ser humano compreender ou transmitir a profundidade do horror, da perda, da dor e da tristeza impostos ao povo judeu – e, portanto, a toda a humanidade – pelo Holocausto. A linguagem humana e a capacidade racional que a engendra estariam assim superadas por esse grau de barbárie. O que aconteceu estaria além das palavras disponíveis. E, no limite, há algo de tão perturbador no Holocausto, tão revelador sobre a inclinação do homem para o mal, que isso simplesmente não poderia ser transmitido de nenhuma maneira.

Assim, seria mais apropriado, diante do assassinato frio e planejado de 6 milhões de judeus, dos quais 1,5 milhão de crianças, permanecer em silêncio. Qualquer descrição seria naturalmente limitada e tenderia a enquadrar o Holocausto em alguns parâmetros racionais conhecidos, normalizando esse acontecimento cuja dimensão é desconhecida e provavelmente assim permanecerá. Esse talvez seja o motivo pelo qual muitos sobreviventes prefiram o silêncio.

E, no entanto, silenciar equivale a mutilar-se. Os judeus que conseguiram por milagre escapar da morte nos campos e guetos nazistas se dividem entre aqueles que consideram impossível comunicar o que viram e experimentaram e aqueles que entendem ser sua responsabilidade moral contar ao mundo o que sofreram, a despeito das limitações da linguagem. Para estes últimos, aliás, o encarceramento nos campos da morte se torna o centro da existência, uma espécie de nova identidade, à qual o sobrevivente se agarra com todas as forças para substituir aquela que foi destruída no Holocausto. Em todo caso, somente os sobreviventes estão autorizados a servir de testemunhas, mesmo que, como argumenta o escritor italiano Primo Levi, não tenham "tocado o fundo" dessa experiência – algo reservado aos mortos.

No formidável empreendimento do Oyneg Shabes no Gueto de Varsóvia, a dificuldade de testemunhar ficou evidente. Ao pretender reunir o maior volume de documentos e testemunhos do que estava acontecendo com os judeus naquele gueto, o Oyneg Shabes esbarrou na resistência dos judeus em descrever o que estavam sofrendo, pois isso incluía não apenas falar da fome e da penúria, mas principalmente da perda de familiares e amigos, da destruição da comunidade e da perspectiva concreta de uma morte cruel. Meu avô, Szaja Wajskopf, por exemplo, jamais comentou conosco sobre um dos momentos mais trágicos de sua experiência no Gueto de Łódź, o segundo

O SILÊNCIO COMO ÚNICA LINGUAGEM POSSÍVEL

maior da Polônia: a morte, por inanição, de um irmão muito querido, cujo cadáver ficou na rua, insepulto, como era comum acontecer. Fiquei sabendo dessa trágica história por meio de minha mãe, Rachela. Ela disse que o pai raramente falava disso. De fato, como argumentou George Steiner, talvez o silêncio seja a única forma de descrever essa tragédia. E esquecer talvez seja a única maneira de enfrentá-la.

NOTAS

[1] Giorgio Agamben, *O que resta de Auschwitz: o arquivo e a testemunha [Homo Sacer III]*, São Paulo, Boitempo, 2008, p. 20.
[2] Idem.
[3] George Steiner, *Language and Silence*, Nova York, Atheneum, 1967, p. 123.
[4] Berel Lang (ed.), *Writing and the Holocaust*, Nova York, Holmes & Meier, 1988, p. 154.

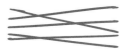

Os sobreviventes
e seus limites humanos

O esquecimento é apenas uma das muitas formas que os sobreviventes do Holocausto encontraram para lidar com seu trauma, o que afeta diretamente o modo como enfrentam suas memórias e, por extensão, o modo como as expressam. O testemunho de um sobrevivente da chamada "Solução Final" – que nada mais era do que a erradicação dos judeus da face da Terra – não é o testemunho do Holocausto em si, mas, antes, é o testemunho de sua experiência única, a da sobrevivência, contra todas as probabilidades.

E a maneira como os sobreviventes encaram essa experiência está diretamente vinculada ao tipo de estresse que sofreram durante o encarceramento. Ou seja, a memória depende da tensão que cada um sentiu nos campos e guetos, o que demonstra a imensa variedade de registros possíveis para o Holocausto.

A ameaça de aniquilação nos campos de extermínio era tão presente e tão cotidiana que

HOLOCAUSTO E MEMÓRIA

provavelmente não estava entre as maiores preocupações dos prisioneiros, muito mais empenhados, dia e noite, em encontrar maneiras de obter alimentos, água e proteção contra o frio. Os limites humanos dentro dos quais uma pessoa é levada a sentir medo foram largamente ultrapassados.

Pode-se dizer que a maioria dos prisioneiros apenas vegetava, vivendo somente o tempo presente, o insuperável agora da fome, da sede e do frio. Para os prisioneiros que acabavam de chegar, a suprema degradação era ter o cabelo cortado; em seguida, a maior humilhação, especialmente para as mulheres, era ter de tomar banho na frente dos oficiais da SS, a guarda nazista responsável pelos campos; à medida que as condições dos campos foram se deteriorando de maneira acentuada, com a aceleração do processo de assassinato, esse aviltamento rapidamente perdeu importância. Assim, situações consideradas vexatórias ou violentas num primeiro momento quase sempre foram esquecidas ou relativizadas nos testemunhos dos sobreviventes.

Já a fome, a sede e o frio são onipresentes nos relatos. Ou seja, reduzidos à condição de animais, os prisioneiros só conseguiam pensar, instintivamente, em se manter vivos. Não à toa, o ato de alimentar-se nos campos era chamado pelos alemães de *fressen* (devorar), termo que se aplica a animais. Os judeus não comiam; devoravam.

A animalização dos prisioneiros foi um processo meticulosamente planejado pelos nazistas. A intenção não era simplesmente aniquilar os judeus, mas "provar" que os judeus eram "animais", conforme informava a doutrina nazista – que se serviu largamente do pensamento *völkisch*, que, desde o século XIX, buscava criar uma identidade popular alemã a partir da visão segundo a qual o caráter nacional do povo germânico é determinado por uma origem étnica e racial comum. Os nazistas levaram essa concepção de mundo ao extremo quando decidiram aniquilar fisicamente quem não fizesse parte da

50

Volksgemeinschaft, isto é, da comunidade nacional. No caso dos judeus, vistos pelos ultranacionalistas alemães como "estrangeiros" mesmo que pertencessem a famílias com antigas e firmes raízes germânicas, não eram considerados pelos nazistas nem mesmo dignos de pertencer à comunidade humana, uma vez que os viam literalmente como *Untermenschen* – sub-humanos.

Essa é uma questão crucial para entender o problema da memória do Holocausto. Para os nazistas, transformar os judeus em animais era parte essencial do trabalho de construção da história daquele período, pois animais, por definição, não têm memória – ou seja, são incapazes de recordar eventos ou acontecimentos arbitrários, que não ocorram com frequência ou dentro de certa rotina. Sua memória se limita àquilo que lhes é fundamental para a sobrevivência imediata, e os animais, por óbvio, não têm consciência de si – que, *grosso modo*, é o *locus* da subjetividade, a manifestação do eu, que faz do indivíduo um ser capaz de refletir sobre si mesmo, seus valores e seus desejos. Nessas condições, os judeus seriam vistos como incapazes de se reconhecer como indivíduos e, portanto, de relatar a experiência que tiveram nos campos e nos guetos, ou mesmo durante o processo de segregação que antecedeu o genocídio. Prevaleceria para a posteridade, então, a construção narrativa dos nazistas – mesmo que fossem derrotados.

A animalização dos judeus começou muito antes do Holocausto propriamente dito. Os nazistas, assim que chegaram ao poder na Alemanha, em janeiro de 1933, trataram de fazer dos judeus estrangeiros dentro de seu próprio país, a Alemanha, tornando-os alvos de boicotes, de teorias científicas que os reduziam à categoria de não humanos e de segregação progressiva – materializada em leis que proibiam casamentos mistos, a contratação de judeus para cargos públicos, a obrigatoriedade do uso da estrela amarela e assim por diante. O extermínio foi o ponto final de uma longa trajetória de destruição da humanidade dos judeus, processo este que, pode-se presumir, certamente afetou o modo como a experiência foi recontada pelos sobreviventes.

Na Polônia, esse processo de aniquilação começou assim que a Alemanha nazista invadiu o país, em setembro de 1939. Já com a experiência do que haviam feito nos anos anteriores contra os judeus alemães, os nazistas retiraram todos os direitos dos judeus poloneses, jogando-os num limbo jurídico e social. "Você não é um ser humano, você não é um animal, você é um judeu!", gritou um soldado da ss para um judeu num campo de trabalho, resumindo a situação dos judeus poloneses.[1] Ou seja, nem mesmo as normas de tratamento dos animais eram válidas para os judeus, cuja própria existência passou a ser considerada ilegal. Os nazistas queriam arrastar suas vítimas para uma degradação tal que justificasse moralmente o extermínio.

O processo de animalização e posterior massacre dos judeus na Polônia começou com a segregação em guetos. Havia quase mil deles na Europa do Leste ocupada pelos nazistas. De uma hora para outra, interrompeu-se o cotidiano das pessoas, que se viram obrigadas a reinventar sua economia para satisfazer necessidades básicas e imediatas.

O mais conhecido desses bairros cercados, como vimos, foi o Gueto de Varsóvia, onde, entre 1940 e 1942, morreram 100 mil judeus, cerca de um quinto de sua população original, por fome e doenças. Nesse lugar infernal comprimiam-se 80 mil habitantes por quilômetro quadrado. A população do gueto passou de cerca de 380 mil em janeiro de 1941 para 431 mil em julho, pois levas de refugiados judeus foram para lá enviadas. Havia 100 mil crianças com menos de 14 anos, grande parte das quais órfã de pai e mãe e com necessidade de ajuda. Somente em 1941, 10% dos habitantes morreram. Em 1942, quando começou a deportação dos judeus do Gueto de Varsóvia para o campo de extermínio de Treblinka, quase todas as crianças que moravam ali morreram.

52

A fome nos guetos foi provocada de todas as formas pelos nazistas. A média de calorias da ração alimentar fornecida pelas autoridades na Polônia em 1941 era de 2.613 para os alemães, 699 para os poloneses e 184 para os judeus. Diante da óbvia impossibilidade de se manter vivo com tão pouco alimento, os judeus tiveram de recorrer ao contrabando, responsável por mais de 80% do abastecimento do Gueto de Varsóvia. Ou seja, os judeus foram empurrados para o crime e também para uma relação de absoluta submissão em relação aos alemães. Qualquer gesto que pudesse ser interpretado como um favor ou um privilégio era imediatamente entendido como a concessão de um poder pelos judeus que recebiam o tal "favor". A corrupção se alastrou, atingindo os *Judenräte*, ou Conselhos Judaicos, e a polícia judaica.

Formados por membros destacados da comunidade judaica, os Conselhos Judaicos eram instâncias administrativas impostas pelos nazistas nos guetos para servirem como intermediárias entre a comunidade local e os nazistas. Além de gerenciar a penúria nos guetos, o que já era, em si, um trabalho impossível, os Conselhos Judaicos eram obrigados pelos nazistas a escolher quem seria deportado para os campos – locais que os nazistas diziam ser "de trabalho", mas que todos já desconfiavam ser "de extermínio".

Já a polícia judaica (*Jüdischer Ordnungsdienst*) tinha como função ajudar a manter a ordem nos guetos, mas também auxiliar os nazistas no processo de deportação. Em pouco tempo, os policiais judeus viram ali uma oportunidade de ganhar algum dinheiro, abusando de sua autoridade, sendo por essa razão odiados pelos demais habitantes.

Tudo isso esgarçou rápida e brutalmente a solidariedade entre os judeus, ávidos por essas migalhas de poder dentro dos guetos e dos campos. Era esse precisamente o objetivo dos nazistas: fazer com que os judeus se odiassem entre si, esquecendo-se

HOLOCAUSTO E MEMÓRIA

de quem era o verdadeiro algoz. Quem sobreviveu a esse tipo de experiência dificilmente consegue rememorá-la sem o trauma causado pelo colapso moral. Por alguns dias a mais de vida, muitos foram capazes de colaborar com o inimigo. Como viver com essa culpa?

* * *

Os efeitos psicológicos desse processo sobre os sobreviventes são evidentemente devastadores – e, se queremos compreender o que os ex-prisioneiros dizem sobre esse período, é preciso saber que efeitos são esses.

Estudos mostram que prisioneiros entre 5 e 11 anos de idade desenvolveram reações animais primitivas durante seu encarceramento e que se mantiveram depois da guerra. Adolescentes apresentaram danos permanentes causados pelo medo, particularmente em seu sistema hormonal vegetativo, que regula funções vitais independente da vontade. Os prisioneiros que tinham entre 20 e 30 anos de idade desenvolveram estado crônico de ansiedade com traços depressivos. Aqueles que estavam na faixa entre 30 e 40 anos de idade tiveram depressão crônica com traços de paranoia.[2]

Os nazistas construíram diversos tipos de campo, cada um com funções específicas, razão pela qual as experiências de sobreviventes de um ou de outro desses campos certamente vai variar.

Havia os campos de extermínio, como Treblinka, Belzec, Birkenau, Maidanek e Sobibor. Aqui, o trabalho e as epidemias não eram os principais fatores de estresse dos prisioneiros, pois os campos eram destinados exclusivamente ao extermínio em massa, por gaseamento. Quase todos os deportados para esses campos foram mortos.

Havia os campos de concentração com condições extremamente duras, casos de Auschwitz, Mauthausen, Stutthof e

54

Bergen Belsen. Nessas instalações, os nazistas gaseavam os judeus em massa, mas havia também mortes por injeção letal e execuções com tiros na nuca, realizadas em locais construídos especialmente para esse fim. Os judeus eram mortos ainda por afogamento em água gelada, por experimentos médicos em larga escala e por trabalho extenuante. Muitos morreram de tifo e disenteria. Cerca de metade dos prisioneiros encaminhados para esses campos pereceu.

Em outros campos, como Sachsenhausen, Ravensbrück, Buchenwald, Flossenbürg e Gross-Rosen, a ênfase era o extermínio de pequenos grupos, por gaseamento ou fuzilamento. Experimentos médicos eram pouco frequentes e em escala muito menor. O estresse pelo trabalho variava – havia fábricas de trabalho leve e havia também o duro trabalho de abrir estradas e túneis. Entre 30% e 50% dos internos morreram.

O primeiro dos campos construído pelos nazistas, Dachau, nos arredores de Munique, abrigou basicamente aqueles que os nazistas consideravam seus prisioneiros políticos, sendo, portanto, um campo de concentração com condições moderadamente severas – sempre em comparação com os campos de extermínio ou os de concentração na Polônia ocupada. Pequenos grupos de estrangeiros foram fuzilados ou gaseados. A partir de 1942, houve alguns experimentos médicos. O estresse pelo trabalho, relativamente falando, foi menos grave. Dachau foi usada ocasionalmente pela SS como um campo para onde eram recolhidos prisioneiros proeminentes.

No entanto, a partir da Conferência de Wansee, em 1942 – quando a burocracia nazista recebeu a ordem de proceder ao assassinato de todos os judeus europeus, projeto chamado de "Solução Final" –, as condições de todos os campos se tornaram subitamente mais duras. Assim, se um prisioneiro teve a experiência do confinamento em um desses campos depois dessa data, seu nível de estresse tende a ser maior.

Com isso, fica claro que não há um único Holocausto para todos os judeus que pereceram e para os sobreviventes, a despeito do fato de que foram tratados pelos nazistas como uma massa uniforme. Mas há um padrão de tormento ao qual a maioria dos judeus foi submetida.

* * *

Tudo começa na deportação para os campos. Primeiro, os nazistas mandavam que as lideranças judaicas locais reunissem os judeus na sinagoga. Os judeus deveriam levar tudo o que considerassem de valor, para ser usado nos "campos de trabalho" para os quais estavam sendo enviados. É claro que o objetivo era saquear as vítimas assim que chegassem ao campo. Era mais uma forma de romper os laços com o passado, com a vida normal: tudo de valor sentimental era-lhes retirado. Como se fossem fazer uma viagem normal, as mães preparavam as malas com tudo o que julgavam necessário para seus filhos – leite, aveia, roupas, remédios. Nada disso foi usado na viagem, pois tudo era confiscado pelos nazistas na primeira oportunidade.

Sobreviventes relatam que desconfiavam da informação, dada pelos nazistas, de que eles estavam sendo levados para "trabalhar", pois entre os "trabalhadores" havia muitos idosos e crianças que ainda nem andavam.

Quase sempre a primeira lembrança dos sobreviventes que vem à memória em seus relatos é o trem que os levará para um lugar desconhecido. O trem não é de passageiros, é de carga, pois, para os nazistas, são animais inúteis que estão sendo transportados. Viajavam mais de cem pessoas por vagão, às vezes quase duzentas, o que as obrigava a ficar em pé ou então a se agachar de forma alternada. Havia crianças de colo que precisavam ser amamentadas, havia velhos que mal conseguiam se

Judeus holandeses de Westerbork entram no trem para serem deportados; a partir do momento em que as portas fechavam, o mundo que os judeus conheciam desaparecia.

manter em pé, havia pessoas com doenças as mais variadas, havia pessoas que literalmente enlouqueceram durante o trajeto.

Os nazistas não providenciavam absolutamente nada para a viagem, nem alimentos, nem água, nem mesmo algum lugar adequado para que se pudesse fazer as necessidades fisiológicas. Era uma forma deliberada de causar sofrimento.

Infligir terror nos judeus durante a deportação não era eventual, e sim parte importante da Solução Final. Começava assim que as portas dos trens se fechavam. As ferrovias não eram apenas um passo no processo de destruição dos judeus europeus. Não eram um meio para um fim. Eram um fim em si mesmo: os judeus que conseguiram chegar vivos a seu destino na verdade já estavam mortos, do ponto de vista da sociedade e da civilização.

Uma vez que os judeus já não estavam mais à vista do público, os nazistas já não tinham mais nenhuma necessidade de manter a ilusão das formalidades semânticas. O mundo dos judeus, de um instante para outro, passou a ser aquele do interior do vagão de trem – lotado, sufocante e hermeticamente fechado. Sobreviventes relatam a profunda solidão que experimentaram naquele momento, como se tivessem sido cativos a vida inteira. A claustrofobia, o calor, a sede e o mau cheiro certamente colaboraram para sua desorientação.

Era uma atmosfera selvagem. São muitos os depoimentos de sobreviventes que falam da sede profunda que sentiam e da agonia ante a falta de ar. Seres humanos antes totalmente civilizados pisoteavam os mais fracos em busca de um lugar próximo à exígua janelinha do vagão, para poderem respirar e implorar por água.

Não havia lugar para urinar ou defecar. Os judeus transportados para os campos tinham de fazê-lo ali mesmo, dentro do vagão, num único balde. Esse balde, mencionado por quase todos os sobreviventes, logo transbordava de fezes e urina. Muitos vomitavam. Foram horas e horas intermináveis, às vezes vários dias – os sobreviventes relatam a "eternidade" que durou a viagem –, em meio a excrementos de vários tipos. Assim, os judeus já podiam se habituar à podridão que os esperava.

* * *

Tudo era feito para destituir os judeus de sua dignidade. Nos campos, havia uma latrina coletiva, imunda, onde os prisioneiros faziam suas necessidades diante dos outros, em geral apressados para também se aliviarem. Perdiam-se o pudor e a decência, características da civilização. Em Birkenau, por exemplo, cada mulher recebia uma gamela que lhe servia tanto para tomar a sopa como para urinar ou evacuar à noite, quando não se podia ir à latrina. Os prisioneiros que não conseguiam chegar à latrina ou não tinham onde urinar ou defecar faziam-no nas calças, sendo objeto de duras reprimendas. Não ter uma colher era também um grande problema. Sem ela, não se podia tomar a sopa senão "sorvendo-a como fazem os cães", segundo a precisa descrição de Primo Levi.[3] A partir de 1942, os nazistas passaram a tatuar um número no braço de cada prisioneiro que chegava aos campos. Esse procedimento igualava os prisioneiros a animais que eram marcados por seus donos; o número passava a substituir o nome, subtraindo aos prisioneiros aquilo que os identificava como indivíduos desde o nascimento.

No campo, nada fazia sentido do ponto de vista racional. Teria sido mais "econômico", por assim dizer, ter matado os judeus nos lugares onde foram capturados, sem precisar levá-los a campos de extermínio muitas vezes a centenas de quilômetros de distância, ademais usando trens que poderiam estar servindo ao esforço de guerra nazista. No entanto, tudo aquilo fazia sentido se se considerar que o objetivo não era simplesmente matar o "inimigo" – no caso, o judeu, inclusive mulheres, velhos e crianças, todos desarmados e inocentes –, mas matá-los impingindo-lhes o mais profundo tormento.

Dos prisioneiros – entre os quais muitos intelectuais, acadêmicos, engenheiros, médicos e artistas, entre outros especialistas, alguns de renome mundial –, não se esperava que exercessem nos campos aquilo que conheciam melhor; pelo contrário, eram submetidos, em sua maioria, a trabalhos extremamente penosos e degradantes, para os quais até os animais seriam poupados, tamanha a exigência física e psíquica, como cavar covas coletivas e trincheiras, trabalhar em minas, em transporte de carga ou em limpeza das fétidas latrinas.

HOLOCAUSTO E MEMÓRIA

Os poucos que conseguiram trabalhar no ofício que dominavam, especialmente os de baixa qualificação, como alfaiates, sapateiros e pedreiros, sentiam-se minimamente humanos e se empenhavam em fazer seu trabalho o mais bem-feito possível, pois disso dependia a manutenção de sua dignidade – ainda que isso ajudasse os nazistas.

Havia também os prisioneiros que, por meio de manobras engenhosas e adaptação à mentalidade dos guardas, conseguiam trabalhos mais leves – no setor administrativo ou na cozinha, ou então como *kapos*, isto é, como líderes dos blocos. Além disso, a habilidade de certos prisioneiros para intimidar seus colegas era frequentemente um fator crucial na hora de se decidir quem deveria ser indicado para trabalhos mais leves. No caótico sistema de valores dos campos, em que o trabalho efetivo não tinha nenhum sentido, prisioneiros capazes de enganar colegas ou cometer violência contra outros prisioneiros geralmente eram poupados pelos nazistas e adquiriam poder nos campos. Aqueles que conseguiram sobreviver com base nesse tipo de expediente dificilmente falarão sobre essa memória abertamente.

* * *

Os prisioneiros eram humilhados todo o tempo, pois essa era a principal função dos guardas da ss e dos internos que lhes serviam de ajudantes. Não havia espaço para nenhuma forma de condescendência ou compaixão com aqueles que, para os nazistas, nem animais eram. Nem após a morte os prisioneiros recuperavam um pouco de sua dignidade, pois seus restos serviam como matéria para usos diversos – os cabelos eram retirados para serem utilizados em indústrias têxteis, enquanto as cinzas serviam como isolante térmico ou para aterrar pântanos, ao passo que, dos dentes, extraía-se ouro.

A violência era totalmente aleatória. Os prisioneiros ficavam à mercê dos guardas e de seus ajudantes. Sobreviventes relatam que a pior coisa daqueles dias era que não se sabia o que podia acontecer ao prisioneiro de um minuto para outro. Não era possível saber o que podia causar a punição, o que provavelmente levou muitos prisioneiros a colaborar com os nazistas em qualquer sentido, na esperança de "acertar" qual era a expectativa dos carrascos.

Desse modo, conhecer a "língua do campo" era a diferença entre ganhar algum tempo de vida ou padecer de suplícios reservados a quem não compreendia as ordens caóticas dos nazistas e dos *kapos*. Quem não sabia falar alemão não conseguia estabelecer com os algozes do campo algum relacionamento assemelhado ao humano. Aos "analfabetos" era reservada exclusivamente a linguagem da violência física, que, na verdade, era o idioma universal do campo. No campo de Mauthausen, por exemplo, o chicote era chamado de *Der Dolmetscher*, ou "o intérprete".

A ironia cruel era o forte desse idioma do campo. Em Treblinka, os oficiais da SS chamavam o caminho até a câmara de gás de *Himmelweg*, ou "caminho do Céu". Os prisioneiros eram conhecidos não como *Mann* (homens), mas simplesmente como *Häftlinge* (prisioneiros), o que era uma forma de lhes retirar a condição humana. Entre os *Häftlinge*, contudo, havia os *Prominenten*, isto é, os "proeminentes", aqueles que "fizeram carreira" no campo, segundo informa Primo Levi, não sem alguma ironia.[4] Eram prisioneiros que tinham alguma "regalia" em razão de sua colaboração com os nazistas. É curioso que essa palavra tenha sido usada pelo sobrevivente uruguaio Francisco Balkanyi, em entrevista para este livro, quando ele se referiu aos judeus que lideravam a comunidade onde ele vivia antes das deportações. Balkanyi reserva a esses "proeminentes" um certo rancor, pois, na concepção do entrevistado, eles falharam na organização de alguma forma de resistência. Talvez, na memória de Balkanyi, os *Prominenten* dos campos eram equivalentes aos líderes judeus que, de algum modo, ajudaram os nazistas em seu projeto genocida.

A sorte de um prisioneiro dependia também de sua manutenção em um grupo com o qual se identificasse. Se porventura fosse transferido para outro bloco, em que não soubesse a língua local, poderia ser considerado pária e acabar morrendo por isolamento. Ou seja, havia solidariedade nos campos de concentração, mas essa solidariedade era reservada a grupos muito pequenos.

Sem que seja possível entender o que se ordena, não há informação. E sem informação não há vida. Morria-se, portanto, por "insuficiência de informação". Para os sobreviventes, os primeiros dias no campo, cheios dessa confusão linguística, eram "carentes de significado". Tudo era desfocado, incompreensível. Assim, é possível imaginar que toda lembrança relativa a esse momento é confusa. Houve prisioneiros que pagavam com pão por aulas de alemão para os prisioneiros que soubessem a língua. Mas o alemão do campo era uma língua própria, específica daquele lugar. Era o *Lagerjargon*, ou *Lagersprache*, *Lagerszpracha*, *Lagerdeutsch*, *Lageresperanto*, *Krematoriums-Esperanto*. Variava inclusive de campo para campo. Ou seja, não bastava aprender o alemão; era necessário entender a língua específica dos campos, em que as palavras serviam apenas como disfarces no grande engodo nazista.

É evidente que, para o sobrevivente, esse léxico deturpa qualquer memória, pois a linguagem, que deveria ser o veículo primário da civilização, nesse caso se prestou ao mais odiento crime contra a humanidade. Os termos burocráticos ou irônicos usados para designar o ato de enterrar crianças ainda vivas, ou de afogar homens e mulheres em seus próprios excrementos, ou de exterminar milhões de seres humanos em câmaras de gás são termos apropriados unicamente ao universo alucinatório nazista. Quem tenha passado por essa experiência e tente usar termos "civilizados" para expressá-la terá compreensível dificuldade. A memória dos sobreviventes, portanto, é carregada de tal humilhação e degradação que até mesmo o modo de falar dessas lembranças dolorosas é determinado por um idioma que só faz sentido no inferno.

* * *

Os prisioneiros não tinham tempo para pensar. Eram conduzidos de um lugar a outro do campo sempre na correria, na base de pancadas e chicotadas. *Laufschritt* – "a passos rápidos", em alemão – era uma expressão recorrente, a começar pelo trabalho de retirar os mortos dos trens ou das câmaras de gás e levá-los para os fornos crematórios.

Ademais, cortavam-se todos os laços de solidariedade entre os prisioneiros, obrigando-os a assistir ao sofrimento alheio sem que lhes fosse possível ajudar aqueles que estavam sendo espancados – entre os quais parentes e amigos. Para muitos sobreviventes, isso era ainda pior do que a própria agonia.

O cheiro dos cadáveres em decomposição impregnava os campos e os guetos. Sentia-se o odor pútrido a quilômetros de distância. As valas comuns transbordavam de cadáveres e ainda assim chegavam mais e mais carregamentos com futuros mortos. Portanto, não era muito difícil, para os recém-chegados, saber qual o objetivo dos campos de extermínio, mas os nazistas tratavam de alimentar um fio de esperança nos prisioneiros, como derradeiro ato de crueldade.

Os oficiais diziam que os judeus estavam ali para trabalhar. Portanto, para aqueles que trabalhassem, tudo correria bem. Sobreviventes relatam que, naquele momento, muitos recobravam a esperança e se dispunham a colaborar, perfilando-se candidamente na fila da câmara de gás – que os nazistas diziam tratar-se de uma "sala de banhos". Em Treblinka, havia um

Mulher judia recém-chegada a Auschwitz caminha para a câmara de gás com três crianças e um bebê no colo; enganados pelos nazistas, os judeus não ofereciam resistência.

"hospital", com uma bandeira branca e a cruz vermelha pintada. Para lá eram levadas mulheres idosas, crianças doentes e pessoas que não podiam mais caminhar. O local, na verdade, era uma sala de execução, vizinha a uma vala onde caíam os corpos dos assassinados. Há inúmeros outros exemplos dessa encenação para enganar os judeus e evitar uma eventual resistência. Mas também há um claro objetivo de escarnecer dos judeus. Não é por outra razão que, no vestiário onde os judeus se despiam para entrar na câmara de gás, havia cartazes que ordenavam: "Seja limpo!", "Lave-se!".

Havia, é claro, a fome. A pouca comida entregue aos prisioneiros invariavelmente era estragada e em quantidades insuficientes para sustentar mesmo o mais esquálido dos internos. Assim, a comida se tornou a medida de todas as coisas dentro dos campos e também dos guetos – onde a situação, em certos casos, era ainda pior do que a dos campos, pois ali os alimentos, quando chegavam, eram controlados por máfias de contrabandistas. "A vida [em Auschwitz] era um paraíso comparada à do gueto", conta uma sobrevivente. "Tínhamos sopa e margarina. Claro que a seleção [dos que seriam gaseados] era terrível. Vivíamos apavorados com ela. Mas, seja como for, sempre tínhamos algo para comer."[5]

A fome era tão onipresente que superava inclusive as necessidades sexuais. "O tópico principal dos sonhos não eram as mulheres, mas a fome", relatou um sobrevivente.[6] "Sonhávamos com estar com fome. Não me importava de não ter sexo." Esse sobrevivente recorda que havia um bordel no campo de concentração, para onde se podia ir desde que o prisioneiro pedisse permissão, durante a chamada, diante de todos os outros. Além disso, no bordel, as paredes dos quartos tinham buracos, para que se pudesse observar o ato sexual. Depois de meia hora, um guarda gritava que havia acabado o tempo, chutava a porta e mandava tirar o prisioneiro dali. Muitos prisioneiros frequentavam o bordel apenas para poder conversar com as mulheres, embora várias delas não fossem prisioneiras, mas prostitutas de verdade. Algumas traziam pacotes com alimentos e os davam aos famintos. A maioria dos frequentadores dos bordéis eram aqueles que estavam bem alimentados, isto é, basicamente, os *kapos* – os judeus que eram designados pelos nazistas para chefiar alojamentos e crematórios.

Havia masturbação e homossexualidade, mas, no geral, pensamentos e atividades sexuais eram suprimidos pela fome, pelo frio, pelo trabalho e pela exaustão. "Eu não tinha vontade", contou o sobrevivente uruguaio Francisco Balkanyi, em entrevista para este livro. Balkanyi suspeita até que os nazistas colocavam algo na comida para que "a gente não tivesse desejo sexual". Para ele, contudo, isso não tinha efeito: "Como estávamos muito debilitados, não tínhamos essa necessidade de sexo". Outro sobrevivente relata: "Não tínhamos sonhos eróticos; nossa fragilidade física, nossa agonia de fome, nossa exaustão e a memória dos espancamentos frequentes, tudo isso combinado nos tornava incapazes, mesmo por um momento, de sonhar com a mulher com a qual sonhávamos ou pela qual estávamos apaixonados".[7]

Para as mulheres, contudo, a situação era pior. A experiência da restrição sexual foi especialmente traumática para mulheres entre 20 e 30 anos, faixa etária em que potencialmente costumava constituir família naquela época. Já as mulheres que tinham maridos e filhos tiveram de suportar a destruição de suas famílias, de uma hora para outra. Ver seus filhos e seus maridos serem transportados para a morte, sem que elas nada pudessem fazer, privava-as brutalmente daqueles que representavam seu sustentáculo e seu amor maternal, para os quais haviam trabalhado e dedicado atenção a vida toda até ali.

Havia ainda a humilhação de terem de ficar frequentemente nuas diante de soldados e oficiais da SS. O medo de serem estupradas a qualquer momento e a constante violação de sua dignidade e de sua intimidade fizeram com que elas sentissem repulsa ao sexo. A amenorreia, isto é, a suspensão do fluxo menstrual, era generalizada. Para muitas sobreviventes, a menstruação somente se normalizou depois da guerra.

Acima de tudo, acostumava-se à morte. Um sobrevivente judeu que tinha 13 anos na época de seu encarceramento no campo de Chełmno, a 50 quilômetros de Łódź, na Polônia, conta que, quando viu "tudo aquilo", isto é, os fornos, os cadáveres em profusão, nada o deixou particularmente tocado, pois aquela era a sua realidade desde os tempos em que estava encerrado no Gueto de Łódź. "Só tinha 13 anos, e tudo o que havia visto até ali eram mortos, cadáveres. [...] Jamais havia visto nada de diferente. No gueto, eu via... Em Łódź, no gueto, desde que alguém desse um passo, caía, morto, morto. Eu pensava: deve ser assim, é normal, é assim. Ia para as ruas de Łódź, percorria, digamos, cem metros, havia 200 mortos... As pessoas tinham fome. Iam e caíam, caíam... O filho tomava o pão do pai, o pai, o pão do filho, todos queriam permanecer vivos. Então, quando cheguei a Chełmno, já estava... tudo isso me era indiferente... Pensava também: se sobreviver, só desejo uma coisa: que me deem cinco pães. Para comer... Nada mais. Pensava assim."[8]

Menino esfomeado pede esmola no Gueto de Varsóvia; desde cedo as crianças habituavam-se à morte e à corrupção desenfreada nos guetos, ambiente de colapso moral.

HOLOCAUSTO E MEMÓRIA

Convivia-se ainda com os chamados *Muselmänner*, ou "muçulmanos", nome que se dava àqueles prisioneiros que se arrastavam pelo campo à beira da morte, por doenças e inanição. Praticamente nenhum desses prisioneiros sobreviveu à guerra e quase não há relatos deles sobre essa terrível situação. Os *Muselmänner* eram a representação viva, por assim dizer, da morte, razão pela qual eram encarados no campo como espectros indesejáveis. E indesejáveis também porque eram a expressão máxima da possibilidade de haver vida em meio à mais absoluta degradação humana, além de qualquer coisa que se possa imaginar. Por tudo isso, os *Muselmänner* seriam as únicas testemunhas capazes de relatar o Holocausto em quase toda a sua extensão, mas justamente esses mortos-vivos eram aqueles que já não tinham mais capacidade de recordar nada.

Já os que sobreviveram enfrentam imensos obstáculos para relatar suas experiências excruciantes, por razões, a esta altura, óbvias: como falar da perda completa da dignidade e da decência? Tome-se o exemplo de Abraham Bomba, um barbeiro judeu polonês encarregado de cortar o cabelo das mulheres que iam para as câmaras de gás do campo de extermínio de Treblinka. Ele havia sido instruído para tratar as mulheres de tal modo que elas não desconfiassem que seu destino era a morte, e sim que seriam submetidas apenas a um corte de cabelo antes do banho. Questionado sobre o que sentia ao ver mulheres com os filhos a poucos minutos de serem assassinados, ele respondeu: "Sabe, 'sentir' ali... Era muito duro sentir o que quer que fosse: imagine, trabalhar dia e noite entre os mortos, os cadáveres, seus sentimentos desapareciam, você estava morto para o sentimento, morto para tudo". Para piorar, houve um momento em que chegaram prisioneiras vindas da cidade de Abraham Bomba. "Eu conhecia muitas delas. [...] Sim, eu as conhecia, morava na mesma cidade. Morava na mesma rua. Algumas eram amigas próximas", relatou ele. Nessa situação,

68

muitas queriam saber o que estava para acontecer com elas. "O que era possível dizer-lhes? O que se podia dizer?", perguntou-se ele, sem resposta. E então, Abraham relatou o caso de um dos barbeiros que ali estavam e que viu chegar sua própria mulher e sua irmã: "Quando sua mulher e sua irmã entraram na câmara de gás... Ele queria falar com elas, mas era impossível lhes dizer que aquele era o último instante de suas vidas, pois atrás deles postavam-se os nazistas, os SS, e ele sabia que, se dissesse uma palavra, partilharia a sorte daquelas duas mulheres, que já eram como mortas. No entanto, fez o máximo por elas, ficou com elas um segundo, um minuto a mais, abraçando-as, beijando-as. Pois sabia que jamais as veria de novo".[9]

* * *

A perda da família, a propósito, era algo especialmente doloroso. Há inúmeros casos de ex-prisioneiros, especialmente entre os poloneses, que foram os únicos de suas famílias a escapar da morte. Sem a presença desses familiares e dos amigos, nos quais podiam depositar alguma esperança de futuro, e além disso incapazes de se comunicar com os guardas do campo, em razão da barreira da língua, esses judeus poloneses rapidamente se transformaram na ralé da sociedade do campo.

Os prisioneiros eram informados, de alguma maneira, da morte de seus parentes, e isso contribuía para ampliar seu sofrimento, especialmente entre as crianças e adolescentes, que se davam conta de que teriam de viver a vida sem os pais. Por outro lado, homens cujas mulheres tinham sido esterilizadas pelos nazistas ficavam duplamente arrasados ao saber que seus filhos haviam sido assassinados.

Muitos perseguidos, quando souberam da morte de seus parentes e amigos, experimentaram um forte sentimento de despersonalização social, situação em que o indivíduo é incapaz de se reconhecer como tal e também de saber o que faz no mundo. O prisioneiro então se desliga do mundo, num processo que torna a morte física uma consequência natural, quase desejada. Era a morte em vida, pois o indivíduo deixava de ter referências sociais, e seu único propósito, como o dos animais, passava a ser a satisfação de suas necessidades orgânicas mais primitivas.

Os prisioneiros que ainda não estavam nesse estágio de degradação sentiam-se esquecidos pelo mundo, e é muito comum que sobreviventes expressem esse ressentimento. É o caso, por exemplo, do eslovaco Filip Müller, sobrevivente de Auschwitz: "A cada dia, sob os nossos olhos, milhares e milhares de inocentes desapareciam pela chaminé. Podíamos perceber, com nossos próprios olhos, a significação profunda do ser humano: eles chegavam lá, homens, mulheres, crianças, todos inocentes... desapareciam de repente... e o mundo estava mudo! Nós nos sentíamos abandonados. Pelo mundo, pela humanidade".[10]

A impressão de abandono era potencializada pela ruptura da família e da ligação com o local de origem. São raríssimos os casos de sobreviventes que, quando prisioneiros, puderam se comunicar com parentes que estavam em outros campos ou não haviam sido capturados. O uruguaio Francisco Balkanyi, por exemplo, contou, em seu depoimento para este livro, que conseguiu ficar com o pai, Luis Balkanyi, quando esteve em Buna-Monowitz, um subcampo de Auschwitz, e que a mãe, Eta, que estava em outro campo, chegou a lhes enviar uma carta, por meio de um "soldado da Wehrmacht". A Wehrmacht era o nome que se dava ao conjunto das Forças Armadas alemãs e não tinha nenhuma função nos campos de concentração e extermínio. É preciso suspeitar, portanto, que Francisco Balkanyi, com 90 anos de idade na época em que concedeu a entrevista, talvez tenha feito confusão entre a Wehrmacht e as SS, a tropa nazista que esteve diretamente envolvida no Holocausto. Mas ele foi muito claro ao relatar a alegria de receber a tal carta da mãe, na qual ela dizia "que estava viva e que estava tudo bem". Francisco Balkanyi conta que não guardou a carta. "Não tinha jeito de guardar. Nem a gente pensou que pudesse, algum dia, contar isso como uma história."

A maioria absoluta dos prisioneiros, contudo, não teve a mesma sorte de Francisco Balkanyi e de seus pais – os três não apenas puderam se corresponder, como conseguiram sobreviver, caso singular de uma família que escapou do Holocausto. Os judeus eram isolados do mundo, exilados de maneira radical, esquecidos por todos. Não à toa, grande parte deles, assim que a guerra terminou, reservou para o resto da sociedade uma profunda mágoa.

* * *

Muitos prisioneiros afinal se adaptavam mentalmente à situação de terror nos campos, o que foi determinante para o comportamento e para a memória dos que sobreviveram. Especialistas que entrevistaram sobreviventes logo depois da guerra – como no trabalho *Die Konzentrationslagerhaft und ihre Folgen* (Internamento em Campos de Concentração e suas Consequências), do psiquiatra alemão Paul Matussek, publicado em 1971 – detectaram vários desses modos de mascarar os traumas sofridos nos campos. Um deles é a primitivização mental, situação em que a capacidade de discernimento entre o mundo real e o mundo fantasioso, adquirida ao longo do desenvolvimento mental do indivíduo, é anulada. Outro é a hibernação cultural, em que há retraimento em relação a todas as questões culturais e intelectuais – nesse estado, a única coisa que importa para o ex-prisioneiro é aquilo que está ligado à preservação primitiva da vida. Observou-se ainda a ocorrência de regressão a urgências instintivas infanto-primitivas, como se o indivíduo tivesse retornado ao estágio inicial de sua formação.

Quando um sobrevivente fala, lá estão seus traumas, e a tendência popular é que esses traumas sejam reduzidos a uma síndrome genérica chamada "síndrome do campo de concentração", ou "neurose de campo de concentração", graças à qual os ex-prisioneiros atribuem tudo o que sofrem à experiência que tiveram no campo. Esse tipo de simplificação – mais uma, em se tratando de Holocausto – tende a levar a equívocos e a despersonalizar a experiência traumática de cada sobrevivente. Não há uma reação mental ou comportamental uniforme que justifique a expressão "síndrome do campo de concentração", a não ser que se aceite um nome genérico para designar múltiplos sintomas. Se o objetivo da memória do Holocausto é afinal devolver aos indivíduos sua própria história, que lhes foi roubada em meio à matança em massa, então é preciso desconfiar dos termos que a tudo pretendem resumir.

Há vários tipos de dano à saúde mental de que os sobreviventes podem padecer como consequência de sua experiência nos campos e nos guetos, e isso certamente terá influência direta no modo como eles recordam seu tormento. Há, por exemplo, o estado de exaustão, em que o sobrevivente repele qualquer tipo de trabalho que demande algum esforço, depois de anos de exposição a horrível estresse laboral nos campos de concentração. O ex-prisioneiro que padece dessa síndrome é incapaz de ver sentido no que faz. São muitos os casos em que essa exaustão persiste anos depois da libertação. Os ex-prisioneiros também apresentam ansiedade durante o sono, o que significa que há muitos problemas guardados no mundo interno desses sobreviventes – em geral, os pesadelos são relacionados à tortura e à humilhação que sofreram nos campos. Também não são poucos os casos de ex-prisioneiros que se isolam e nutrem desconfiança de tudo e todos – e, portanto, tendem a não contar tudo o que viram ou sofreram. Em geral, são sobreviventes que se sentem como se ainda estivessem nos campos.

Do mesmo modo, os sobreviventes que foram perseguidos em razão de sua etnia, particularmente os judeus e os oriundos do Leste Europeu, sofrem de "síndrome psicossocial", um transtorno mental que dificulta a relação do indivíduo com a sociedade. Os ex-prisioneiros que foram encarcerados por razões políticas, como os comunistas, ou aqueles originários da Alemanha, não sofreram dessa síndrome.

Assim, sempre que mencionam as doenças que sofreram nos campos nazistas, os sobreviventes podem estar fazendo confusão com sua situação física ou mental atual, pois tendem a se considerar ainda como prisioneiros – e parece natural que o façam, tamanho o suplício a que foram submetidos e a ruptura civilizacional e moral que enfrentaram, num ambiente em que o impossível se tornou possível e no qual o estado de exceção era a regra cotidiana. Não se volta facilmente desse inferno sem que isso afete o modo como o sobrevivente enxerga o mundo e a si mesmo, e isso naturalmente tem de ser levado em conta quando se ouve o relato dos ex-prisioneiros.

Não se trata de duvidar das palavras dos sobreviventes, e sim, pelo contrário, de esforçar-se para compreender o que essas palavras realmente querem dizer – e quais terríveis pesadelos elas carregam.

NOTAS

[1] Samuel D. Kassow, *Quem escreverá nossa história? Os arquivos secretos do Gueto de Varsóvia*, op. cit., p. 361.

[2] Paul Matussek, *Internment in Concentration Camps and its Consequences*, Berlim, Springer-Verlag, 1975, p. 28.

[3] Primo Levi, *Os afogados e os sobreviventes*, Rio de Janeiro, Paz e Terra, 2016, p. 92.

[4] Idem, p. 80.

[5] Paul Matussek, *Internment in Concentration Camps and its Consequences*, Berlim, Springer-Verlag, 1975, p. 12.

[6] Idem, p. 30.

[7] Idem, ibidem.

[8] Claude Lanzmann, *Shoah: vozes e faces do Holocausto*, São Paulo, Brasiliense, 1987, p. 137.

[9] Idem, p. 155.

[10] Idem, p. 192.

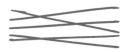

Quem somos nós para julgar?

O grande pesadelo dos sobreviventes do Holocausto talvez seja o fato de terem sobrevivido.

Trata-se de um imenso fardo moral. "Vivo, portanto sou culpado", sentenciou Elie Wiesel, certamente o mais loquaz dos sobreviventes.[1] "Estou aqui porque um amigo, um companheiro, um desconhecido morreu no meu lugar." Afinal, morrer em um campo de extermínio, por definição, era o esperado; sobreviver era a exceção. Esse incrível acaso atormenta dia e noite os sobreviventes, afetando decisivamente sua capacidade de recordar sua experiência. Muitos se sentem pessoalmente responsáveis pelas mortes dos outros, principalmente de familiares e amigos.

Não raro, o horror da experiência cotidiana do prisioneiro no campo era tão forte que não havia tempo ou oportunidade para lamentar essa suposta participação na morte dos familiares. Uma vez em liberdade, contudo, o sobrevivente experimentava o sentimento de culpa com força redobrada ao perceber que nenhum de seus parentes e amigos havia escapado. Em lugar do júbilo por ter sobrevivido, assoma no ex-prisioneiro o tormento por ter visto a destruição dos outros, inclusive de familiares, sem ter feito nada a respeito – e por ter ficado feliz ao escapar com vida, enquanto tantos pereceram.

Diante disso, grande parte dos sobreviventes, quando expõem suas memórias, fala por si, mas fala também, ou talvez principalmente, pelos outros, por aqueles que morreram, de modo a tentar purgar esse sentimento de culpa – especialmente acentuado em razão do colapso moral provocado pelo sistema nazista de campos e guetos, concebido com o único propósito de borrar as fronteiras entre o certo e o errado, numa espécie de laboratório totalitário.

Jamais se pode perder esse aspecto de vista, se o propósito é qualificar a memória do Holocausto. Uma vez do lado de fora do campo, o libertado deixa para trás o ambiente que, como vimos, o destituiu de sua humanidade e, portanto, da consciência de seu colapso moral. Assim que retoma o contato com a civilização, em que vigoram os códigos morais, o ex-prisioneiro se envergonha do que fez durante o período de encarceramento. Afinal, todos haviam roubado alguma coisa no campo; todos haviam sido corrompidos porque essa era a norma daquele ajuntamento humano; e todos, afinal, haviam suportado privações e aviltamento que, em condições normais, teriam sido considerados inaceitáveis. A punição por essa culpa era o sofrimento diário no campo. Quando esse sofrimento cessa, emerge a dura consciência de não ter feito o suficiente, ou mesmo nada, para combater o sistema, ou de ter se omitido enquanto outros eram espancados e mortos, ou ainda de ter participado ativamente do sistema, como foi o caso dos judeus que serviram de *kapos* nos campos.

É evidente que, do ponto de vista racional, nada há para se envergonhar, mas os sobreviventes de um modo geral sentem-se na obrigação de se justificar, ou então recalcam essa experiência, lançando-a em lugares inacessíveis de sua memória. Portanto, seu testemunho tende a ser parcial, confuso e limitado ao que lhe seria moralmente suportável.

No fundo, o sobrevivente talvez não sinta culpa especificamente pelos eventuais crimes que cometeu, pois, no campo, só tinha alguma chance de sobrevivência quem se adaptava aos códigos da invertida moral nazista – que premiava os criminosos e punia os inocentes; a culpa, na verdade, é por aquilo que o gênero humano foi capaz de produzir: a redução deliberada de milhões de homens, mulheres e crianças à mais vil degradação e à dor permanente, sem qualquer propósito senão o de provar que isso era possível.

O colapso moral, é claro, não se limitou aos campos. Caminhar pelas ruas dos guetos apinhados de gente significava testemunhar dia e noite a degradação dos limites humanos, velhos morrendo congelados nas ruas, crianças esfomeadas a pedir algum alimento, meninos de cinco anos roubando comida e pilhas de cadáveres abandonados, sem falar dos milhares de habitantes com piolhos e tifo. Homens estapeavam-se para conseguir uma vaga de trabalho escravo para os nazistas, para não serem considerados descartáveis. A corrupção era generalizada. Roubava-se comida, exigia-se propina para tudo, uns delatavam os outros para as autoridades do gueto e para os nazistas em troca de algum alimento ou de algum poder. Alguns judeus usavam botas, como os nazistas, para denotar sua posição hierárquica no gueto – e gritavam ordens, como faziam os nazistas. Ou seja, havia judeus que, para demonstrar alguma força e evitar o destino da morte certa naquelas condições, imitavam o pior de seus algozes.

Como já vimos, os nazistas criaram o pesadelo do gueto para "provar" sua tese de que os judeus não eram humanos. Ao estabelecer que a única forma de sobreviver era cometer crimes, valorizando o comportamento delinquente, o modelo social do gueto rapidamente derivou para a guerra de todos contra todos, com valiosas exceções que a História registra – especialmente por parte das mulheres, uma espécie de esteio da luta silenciosa contra a completa degradação moral dos guetos.

Quem ainda tinha algum dinheiro conseguia frequentar restaurantes e cafés que funcionavam nos guetos, com música ao vivo e finas iguarias, e serviam para acentuar o fosso social. Contudo, assim que deixavam esses oásis, os judeus mais abastados imediatamente se viam diante da mais absoluta miséria.

Entre esses judeus havia muitos escroques que se dedicavam ao contrabando de alimentos. Em condições normais, não passariam de delinquentes, mas ali no gueto sua atividade era essencial: sem o contrabando, todos morreriam de fome. Assim, naquela situação, criminosos eram bem-vindos.

E havia a polícia judaica – que, como já vimos, transformou homens em bestas, capazes de prender e ajudar a deportar amigos e até familiares, sob as mais terríveis condições e sabendo que o destino era a morte certa. Tudo para manter seu *status* de precário poder no gueto.

Entre os sobreviventes, sempre houve dúvidas sobre como relatar essa perturbadora realidade. "Devemos ocultar a verdade?", perguntou Mark Dvorzhetsky, sobrevivente do Gueto de Vilna. "Devem os sobreviventes [...] contar ao mundo sobre a polícia judaica, sobre os *kapos*, sobre o sórdido comportamento nos guetos? Alguns judeus traíram seu povo; outros lutaram heroicamente para ajudar crianças à beira da morte."[2]

Sem levar em conta essa complexidade, por vezes embaraçosa, a memória do Holocausto será incompleta, servindo basicamente para comover o mundo, mas não para incitá-lo a refletir sobre os profundos dilemas humanos ali envolvidos – e também sobre o comportamento da sociedade civilizada ante a barbárie.

* * *

A propósito do colapso da civilização proporcionado pelo Holocausto, um dos aspectos mais controvertidos daquele momento foi o modo como as lideranças judaicas se conduziram diante da iminente destruição completa dos judeus europeus. "Para um judeu", escreveu a pensadora judia alemã Hannah Arendt, "o papel desempenhado pelos líderes judeus na destruição de seu próprio povo é, sem nenhuma dúvida, o capítulo mais sombrio de toda uma história de sombras".[3]

Hannah Arendt manifestou esse desconforto no livro *Eichmann em Jerusalém* (1963), resultado de seu trabalho para a revista norte-americana *The New Yorker* na cobertura do julgamento de Adolf Eichmann, um dos principais organizadores do genocídio dos judeus. Capturado pelo serviço secreto israelense Mossad em Buenos Aires, em maio de 1960, e levado a um tribunal de Jerusalém cerca de um ano depois, o *SS-Obersturmbannführer* (equivalente a tenente-coronel na hierarquia da SS, a tropa de elite nazista) Eichmann foi condenado à morte e executado na forca em junho de 1962.

Ao comentar o caso de Eichmann, Hannah Arendt cunhou a expressão "banalidade do mal", tão repetida e incompreendida desde então, para descrever o extermínio dos judeus europeus como uma rotina burocrática, poupando seus participantes de qualquer peso na consciência. Se, afinal, toda a "boa sociedade" alemã estava envolvida de alguma forma no genocídio por aceitar os planos criminosos de Hitler, e se o extermínio era justificado por uma legislação criada para esse fim, então todos e cada um dos carrascos puderam dormir tranquilos depois de participar do maior empreendimento assassino da História.

Ao fazer essa reflexão, Hannah Arendt foi acusada de minimizar os crimes nazistas, especialmente graças à expressão "banalidade", que foi entendida por muitos como uma maneira de absolver a sociedade alemã e europeia daquele terrível crime – tratado pela pensadora alemã como o resultado de um processo burocrático, levado a cabo por homens e mulheres que, como Eichmann, "não eram nem pervertidos nem sádicos, mas eram e ainda são terrivelmente normais".[4]

Mas, para os propósitos deste livro, o que realmente importa na reportagem de Hannah Arendt é o modo como ela trouxe à luz o problema da colaboração dos líderes judeus no processo de extermínio. Arendt notou que a defesa de Eichmann – providenciada pelo Estado de Israel – não mencionou essa questão, mas, se o fizesse, "o quadro geral da acusação traçando uma nítida divisão entre perseguidores e vítimas teria sido muito prejudicado".[5] Segundo Arendt, os judeus que haviam recebido autoridade nos guetos e nos campos por decisão dos nazistas "gostavam de seus novos poderes", e ela sugere que o Holocausto não teria acontecido na dimensão alcançada se esses judeus não tivessem colaborado – especialmente na organização das deportações, ao participarem ativamente da seleção dos que iriam morrer nas câmaras de gás.

As autoridades judaicas, afirmou Arendt, cuidavam para que "os judeus mais importantes" para a comunidade não fossem selecionados para o extermínio. Arendt apontou o "colapso moral da respeitável comunidade judaica" alemã, quando esta aceitou "categorias privilegiadas" de judeus, que seriam poupados dos nazistas: "judeus alemães acima de judeus poloneses, judeus veteranos de guerra e condecorados acima de judeus comuns, famílias cujos ancestrais eram nascidos na Alemanha acima de cidadãos naturalizados recentemente" e assim por diante.[6] Para Arendt, hoje em dia "há uma tendência a relegar esses temas como se houvesse uma lei da natureza humana que levasse todo mundo a perder a dignidade em face do desastre". O colapso moral dos judeus era evidente quando seus líderes, ao pedir aos nazistas que abrissem "exceções", legitimavam a regra – e os nazistas, de fato, não se importavam com judeu nenhum, mas engendraram essa encenação porque facilitava

80

o extermínio, ao "acalmar" as vítimas. Trata-se, na opinião de Arendt, de uma "involuntária cumplicidade". Os judeus "menos famosos", descreve a pensadora alemã, eram sacrificados para proteger os judeus "famosos", cujo desaparecimento poderia suscitar perguntas desagradáveis.[7]

Em resumo, é uma visão que contraria frontalmente a popular narrativa do Holocausto que consolidou o estereótipo segundo o qual "os mortos judeus eram absolutamente bons, e os nazistas e seus colaboradores, absolutamente maus", nas palavras do sociólogo polonês Zygmunt Bauman.[8] Embora critique Arendt e diga que é exagerado seu veredicto segundo o qual o Holocausto não teria ocorrido na dimensão que ocorreu se não fosse pela colaboração dos líderes comunitários judeus, Bauman concorda que, sem essa colaboração, os nazistas teriam muitos problemas para realizar o genocídio. As elites judaicas desempenhavam um papel mediador crucial na incapacitação dos judeus. A submissão total foi alcançada graças à própria estrutura comunitária dos judeus. "Os judeus eram parte do arranjo que iria destruí-los", escreve Bauman.[9]

As lideranças judaicas, talvez conscientes de que a destruição total dos judeus europeus era iminente, estavam interessadas em preservar os "melhores" judeus, se fosse possível, e nesse balanço os judeus poloneses foram os que mais sofreram, pois eram considerados pelas comunidades judaicas ocidentais como de segunda categoria. A divisão dos judeus por "categorias" facilitou o extermínio, pois algumas dessas categorias tentavam se tornar privilegiadas entregando aos nazistas os membros de outras categorias de judeus. "Era uma guerra de todos contra todos, e não deles contra nós", argumenta Bauman.[10]

O colapso moral afetou as lideranças judaicas, que, tal como seus algozes, passaram a racionalizar o extermínio, aceitando entregar judeus para as câmaras de gás em troca da hipótese de salvar outros judeus – do mesmo modo que os nazistas esperavam "salvar" a Alemanha cortando dela seus frutos "podres". É claro que os nazistas apenas estavam enganando os líderes judeus, pois ninguém seria de fato poupado, mas naquela situação extrema quem tinha algum poder agarrava-se a qualquer esperança de sobreviver.

"Creio que conseguiremos preservar a essência do Gueto de Varsóvia. Estamos no meio de uma guerra. Toda nação sacrifica vítimas; nós também estamos pagando o preço de salvar o núcleo do povo. Se eu não tivesse certeza de que conseguiremos salvar esse núcleo, eu também chegaria a outra conclusão", disse o historiador polonês Isaac Schiper durante uma reunião de líderes do Gueto de Varsóvia a propósito da necessidade de selecionar judeus para salvá-los. Schiper, que morreria no campo de concentração de Majdanek em 1943, era um verdadeiro humanista, envolvido na preservação da memória do Gueto de Varsóvia e em iniciativas destinadas a mitigar um pouco o sofrimento dos judeus encerrados ali. E, no entanto, diante da iminente destruição dos judeus, tentou encontrar sustentação moral para a morte de alguns deles, em nome da hipotética salvação da elite intelectual e artística do gueto.

Está claro que Hannah Arendt exagerou em suas críticas ao comportamento dos líderes judeus durante o Holocausto, muito embora houvesse realmente alguns dedicados colaboradores dos nazistas entre esses dirigentes. É o caso do notório Chaim Rumkowski, o famigerado líder do *Judenrat* (Conselho Judaico) do Gueto de Łódź, que, no auge de seus delírios autoritários, mandou imprimir sua efígie nos selos que circulavam ali, andava pelas ruas montado em um cavalo como se fosse um imperador e tinha até hinos compostos em sua homenagem, que crianças famintas nas escolas eram obrigadas a cantar. Mas nenhum dos líderes judeus – inclusive Rumkowski – tinha escolha, a não ser aquelas oferecidas pelos nazistas, e é basicamente injusto realizar qualquer julgamento do comportamento humano em condições tão extremas, pois todos os freios morais haviam sido aniquilados.

Apesar disso, a coragem de Hannah Arendt ao levantar esse assunto espinhoso de certa forma impediu que se consolidasse completamente a narrativa do Holocausto como uma luta do bem contra o mal, devolvendo-o ao terreno da História e das profundas contradições da condição humana. É claro que a reação a essa ousadia não tardou: Arendt foi e ainda hoje é tratada como pária em Israel e por muitos historiadores judeus. Seu trabalho intelectual passou a ser questionado de maneira tão violenta que "assumiu as proporções de um *pogrom*", como descreveu a crítica literária americana Mary McCarthy, grande amiga de Arendt.[11] A ofensiva atingiu também os que ousaram defendê-la, como o historiador Raul Hillberg, decano dos estudos do Holocausto. No auge da polêmica, num debate acadêmico em 1963, em Nova York, ele foi hostilizado pela plateia de aproximadamente 500 pessoas ao argumentar, como Arendt, que os judeus "recusaram-se a encarar a realidade de sua iminente destruição".[12]

Os críticos apontavam diversos erros factuais no trabalho de Arendt para desqualificar suas conclusões, desconsiderando o fato de que o texto de Arendt foi produzido no calor do julgamento de Eichmann, sem ajuda de ninguém. O importante, para os detratores, era demonstrar que Arendt estava sendo cruel ao esperar que os judeus resistissem de alguma forma.

Mas a principal acusação feita contra Arendt é que ela supostamente igualou os judeus aos nazistas, fazendo uma inaceitável equivalência moral entre vítimas e algozes. O historiador alemão Gershom Scholem, um dos grandes amigos de Arendt, manteve com ela uma correspondência em que expressou todo o seu desgosto pelas conclusões a que ela havia

HOLOCAUSTO E MEMÓRIA

chegado, e o aspecto que mais o incomodou foi justamente o que ele chamou de "transgressão moral" da pensadora. Para Scholem, só havia um lado mau, e apenas um, na história do Holocausto. Assim, o problema não eram os erros factuais de Arendt, mas sua suposta imoralidade.

As vítimas, diz Scholem, não podiam ser julgadas, pois tal julgamento só poderia ser feito pelos mortos – tanto os reais quanto os figurativos, isto é, os que, embora tenham sobrevivido, tiveram arrancada de si a sua alma. Scholem escreve:

> Quem de nós pode dizer hoje que decisões os líderes dos judeus [...] deveriam ter tomado naquelas circunstâncias? Eu não li menos do que você sobre esse assunto e ainda não estou convencido; mas sua análise não me dá a confiança de que sua certeza é melhor do que a minha incerteza. Alguns dos líderes judeus eram covardes, outros eram santos. Li muito sobre essa diversidade. Havia entre eles muitos que não eram nada diferentes de nós mesmos, que foram obrigados a tomar decisões terríveis em circunstâncias cuja reprodução ou reconstituição nos é impossível. Eu não sei se eles estavam certos ou errados nem tenho condições de julgar. Eu não estava lá.[13]

Assim, o que Gershon Scholem destaca, e que interessa diretamente à construção da memória do Holocausto, é que, em sua visão, ninguém estaria autorizado a falar do comportamento dos judeus durante o genocídio, por pior que tenha sido em alguns casos, a não ser quem estava "lá" – isto é, nos campos e guetos – e, portanto, passou por aquela terrível experiência. Tal argumento remete ao que hoje se convencionou chamar de "lugar de fala", espécie de monopólio de legitimidade discursiva reivindicado por minorias historicamente perseguidas. Ou seja, do mesmo modo que apenas negros poderiam falar de preconceito racial, e somente homossexuais poderiam falar

84

de homofobia, o "lugar de fala" atribuiria aos sobreviventes do Holocausto a única voz legítima sobre o assunto, desqualificando *a priori* qualquer manifestação ou opinião de quem não passou pela mesma experiência. É o que em filosofia se chama de argumento *ad hominem*, que rejeita juízos não por seu valor em si, mas pela pessoa que os enuncia.

De todo modo, como já vimos, não se pode perder de vista que todo o *sistema* totalitário foi concebido para destruir os pilares da moral ocidental e, portanto, falar em "culpa", nesse caso, é tão insensível quanto falso. Por essa razão, não é possível emitir qualquer juízo moral sobre o comportamento dos judeus nos guetos e nos campos da morte nazistas, pois fazê-lo significa ignorar o fato de que esses judeus, embora absolutamente inocentes, foram arrancados violentamente de sua rotina cotidiana, amontoados em vagões de gado e, depois de dias e noites viajando naquelas terríveis condições, foram atirados em infernais campos de concentração; que, nesses campos, os que tiveram a "sorte" de escapar da morte nas câmaras de gás ou a pauladas logo na chegada passaram meses ou até anos como prisioneiros sem terem cometido qualquer crime; que, nessa circunstância, enfrentaram, além da patente injustiça, terríveis provações, como fome, sede e esgotamento físico e mental, além da humilhação constante e da corrupção; que viram parentes e amigos queridos serem mortos diante de seus olhos, sem que pudessem fazer nada para evitar; e que, ao enfrentar total isolamento do mundo exterior, não tinham alternativa de sobrevivência senão aceitar o código moral dos nazistas, implicando muitas vezes transformar-se em criminoso e ignorar os laços de solidariedade humana. É como escreveu o sobrevivente Primo Levi: "A condição de vítima não exclui a culpa, e esta com frequência é objetivamente grave, mas não conheço tribunal humano ao qual atribuir sua avaliação".[14]

NOTAS

[1] Giorgio Agamben, *O que resta de Auschwitz*, op. cit., p. 95.

[2] Samuel D. Kassow, *Quem escreverá nossa história? Os arquivos secretos do Gueto de Varsóvia*, op. cit., p. 466.

[3] Hannah Arendt, *Eichmann em Jerusalém: um relato sobre a banalidade do mal*, São Paulo, Companhia das Letras, 1999, p. 134.

[4] Idem, p. 299.

[5] Idem, p. 136.

[6] Idem, p. 148.

[7] Idem, p. 150.

[8] Zygmunt Bauman, *Modernidade e Holocausto*, Rio de Janeiro, Jorge Zahar Editor, 1998, p. 12.

[9] Idem, p. 147.

[10] Idem, p. 157.

[11] Michael Ezra, "The Eichmann Polemics: Hannah Arendt and Her Critics", *Democratiya*, Nova York, edição 9, 2007, p. 142.

[12] Idem, p. 152.

[13] David Kaposi, "To Judge or Not to Judge: The Clash of Perspectives in the Scholem-Arendt Exchange", em *Holocaust Studies: A Journal of Culture and History*, v. 14, n. 1, 2008, p. 100.

[14] Primo Levi, *Os afogados e os sobreviventes*, Rio de Janeiro, Paz e Terra, 2016, p. 33.

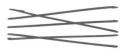

"Deveriam passar pelo que passamos"

A esta altura, já deve ter ficado claro que não é possível conhecer, em toda a sua plenitude, o sofrimento ao qual foram submetidos milhões de seres humanos pela ditadura nazista, sob os olhares muitas vezes indiferentes, quando não cúmplices, do resto do mundo. Assim, é compreensível que os sobreviventes dessa experiência frequentemente pareçam confusos, contraditórios e omissos ao expor suas memórias e que a muito custo consigam se fazer entender – sobretudo porque há um abismo cognitivo entre eles e nós. "Os que não viveram aquela experiência nunca saberão o que ela foi; os que a viveram nunca o dirão; realmente não, não até o fundo. O passado pertence aos mortos", escreveu Elie Wiesel, um dos principais porta-vozes dos sobreviventes.[1]

Assim, a relação dos sobreviventes com o mundo – e, portanto, o modo como esses sobreviventes comunicam suas memórias para as gerações posteriores – é necessária e diretamente determinada por sua experiência. Não é raro que os sobreviventes recriminem parentes mais jovens que, por exemplo, se queixam de fome ou de frio. "Vocês, o que sabem disso? Deveriam passar pelo que passamos", costumam reagir.[2] Mas isso, claro, é simplesmente impossível. Por esse motivo, os sobreviventes costumam se relacionar de forma mais franca apenas com outros sobreviventes, pois ninguém mais seria capaz de entender o que aconteceu.

Não é à toa. Ao final da Segunda Guerra, o mundo todo sentiu-se aliviado com o fim daquela matança, mas esse sentimento de alívio não durou para os sobreviventes dos campos

Armazém com roupas e sapatos confiscados dos prisioneiros que foram assassinados no campo de Auschwitz; esses itens eram enviados para a Alemanha.

"Deveriam passar pelo que passamos"

de concentração. Salvos da morte certa nos campos, eles agora encaravam um novo perigo – o catastrófico pós-guerra. Uma vez livres, eles se viram subitamente diante do fato de que o mundo em que haviam nascido e crescido, suas casas, vizinhos, amigos e familiares, tudo o que eles possuíam e os lugares que haviam ocupado na sociedade, simplesmente tudo havia desaparecido ou sido destruído. Eles não eram mais prisioneiros, mas talvez essa identidade lhes tenha servido como refúgio. O mundo havia inventado um novo nome para eles – agora eram os "deslocados". O terror dos campos havia sido substituído pelos novos horrores da incerteza e do medo – incerteza sobre para onde os sobreviventes, sozinhos e confusos, deveriam ir e o que eles deveriam fazer.

Por esses motivos, não surpreende que mesmo os sobreviventes mais desinibidos tenham dificuldade de falar de sua experiência com quem eles não nutrem firmes laços de sentimentos ou que não tiveram trajetórias semelhantes. Os ex-prisioneiros, assim, buscam ansiosamente encontrar memórias semelhantes às suas, para lhes fornecer o conforto da certeza de que, afinal, não enlouqueceram.

Muitos sobreviventes preferem se isolar do mundo, pois não conseguem manifestar sua indignação com as injustiças que ainda julgam sofrer. Evitam inclusive pedir indenização à Alemanha – caso, por exemplo, de Francisco Balkanyi, entrevistado para este livro. Mas há também os sobreviventes que não conseguem falar ou pensar em outra coisa que não seja a respeito da experiência no campo. Não são capazes de desenvolver vida social fora disso, pois todos os estranhos são considerados algozes em potencial, mesmo que as condições de vida, é claro, já não sejam excepcionalmente duras como no campo.

89

Houve quem não conseguisse se relacionar com nenhum alemão depois da guerra, ou quem imaginasse que seria morto a qualquer momento por alguém escondido na multidão. Houve quem entendesse que os crimes cometidos pelos nazistas estavam sendo esquecidos muito rapidamente e que era preciso denunciar isso o tempo todo. Houve ainda os que consideravam, não sem razão, que a perseguição nazista os flagrou no melhor momento da carreira e que, por isso, jamais ficarão satisfeitos com o que conseguiram depois da guerra – o ressentimento é evidente. E houve ex-prisioneiros que se atiraram de tal maneira em relacionamentos sociais, para deixar o passado para trás e para nutrir o "sentimento de pertencimento", que é quase como se absolutamente se recusassem a pensar em sua experiência no campo de concentração.

Muitos sobreviventes experimentam forte sentimento de alienação, caracterizado pela consciência de que o ex-prisioneiro é "diferente", incapaz de nutrir relações íntimas com os outros. Todas as dificuldades de sociabilização do presente são atribuídas aos problemas relacionados ao período de encarceramento. A incapacidade dos outros de reconhecer a profundidade do sofrimento do ex-prisioneiro é a confirmação, para este, de que seu período de encarceramento é realmente sem explicação e que sua própria existência, portanto, também não teria sentido. "Quando se passa por uma experiência como aquela, nada mais faz sentido. Meu marido não consegue me entender, mas eu não tenho forças nem para discutir com ele", relatou uma sobrevivente a um grupo de psiquiatras que estudou ex-prisioneiros alguns anos depois da guerra.[3] "Agora que eu estou fora do campo, o sexo não tem um papel essencial no nosso casamento, talvez porque eu tenha me tornado em geral mais apático. Frequentemente nem eu mesmo me suporto", contou outro sobrevivente.

"Deveriam passar pelo que passamos"

A condição de sobrevivente, portanto, é para muitos, em si mesma, insuportável. Na esmagadora maioria dos casos, a sobrevivência aconteceu por sorte, pois nos campos nazistas destinados ao extermínio não havia margem para escolhas racionais ou morais. Quanto menos tentassem entender o que se passava nos campos e guetos, mais energia restava para sobreviver; logo, com poucas exceções, aceitava-se passivamente a realidade sem sentido e imoral do sistema totalitário, integrando-se a essa realidade o mais rapidamente possível. Por isso, mesmo que o sobrevivente, ao rememorar sua experiência, não encontre nela nenhuma transgressão, nenhuma traição a amigos ou parentes, nenhuma situação em que tenha trabalhado para seus algozes, nenhum momento em que tenha roubado um pedaço de pão de outro prisioneiro, ele se sente envergonhado simplesmente por ter sobrevivido, pois imagina que, ao contrário dos que morreram, ele conseguiu se adaptar ao colapso moral – e, portanto, defraudou os que morreram, para viver em seu lugar.

Houve aqueles, no entanto, que foram ainda mais fundo, e sobre esses provavelmente recai o maior fardo do sentimento de culpa.

* * *

Dentre os judeus que foram obrigados a trabalhar diretamente para os nazistas nos campos de concentração, houve os já mencionados *kapos*, isto é, os prisioneiros escolhidos para ajudar a SS a manter a ordem nos campos. Esse pequeno poder era muito significativo naquele universo de privação absoluta, e a maioria dos que o recebiam tentava justificar a escolha exercendo seu papel da maneira mais dura possível, sendo muitas vezes bem mais cruel do que os próprios nazistas.

91

Os *kapos* eram punidos se não se mostrassem suficientemente rígidos e estavam autorizados a cometer todo tipo de atrocidades – eles chegavam a matar prisioneiros a pancadas. E era uma violência totalmente inútil, como se o objetivo não fosse obrigar o prisioneiro a fazer algo que não quisesse, e sim apenas lhe impor a maior dor possível.

Em geral, os *kapos* eram criminosos comuns, prisioneiros políticos exauridos e judeus que viam nessa atividade alguma forma de escapar da "solução final". Havia os sádicos, que buscavam o poder a qualquer custo para ter condições de infligir sofrimento aos outros. E havia os sabujos, que se submetiam à autoridade com fervor e tentavam se desvincular dos demais prisioneiros, para com eles não serem confundidos.

Testemunhos de sobreviventes que sofreram nas mãos desses *kapos* falam de sua surpresa logo que chegavam ao campo e eram espancados e insultados não pelos nazistas, mas por esses prisioneiros, com os quais, em razão de seu destino comum, deveria haver algum laço de solidariedade – mas não, é claro, num campo nazista, criado exatamente para destruir esse laço.

Mas os que desempenharam o papel mais sórdido foram os integrantes dos *Sonderkommandos* – ou "esquadrão especial", em alemão, um nome vago para designar o grupo de prisioneiros aos quais estava confiada basicamente a gestão dos fornos crematórios. Também cabia ao *Sonderkommando* conduzir em ordem às câmaras de gás os prisioneiros recém-chegados, angustiados por desconhecer o que se passava ali. Outra tarefa era retirar os cadáveres da câmara de gás, extraindo-lhes o ouro das obturações dentárias, o cabelo, as roupas, os sapatos e os demais pertences, classificando todo esse material para informar aos burocratas do campo. Por fim, cabia ao *Sonderkommando* levar os cadáveres até os fornos crematórios e, depois de incinerá-los, limpar as cinzas rapidamente para que o processo se repetisse centenas de vezes ao longo do dia, sem demora.

Desses homens não é possível esperar um testemunho sereno sobre o que viveram e experimentaram. Tudo o que dizem vem na forma de expiação, pois sobre esses judeus os nazistas colocaram o todo o fardo da atrocidade que eles mesmos, os nazistas, estavam a cometer. Era uma forma especialmente cruel de transferência de responsabilidade, do algoz para a própria vítima do crime – em Treblinka, os judeus foram obrigados inclusive a construir as próprias câmaras de gás, nas quais mais de 900 mil judeus seriam assassinados entre julho de 1942 e novembro de 1943. Assim, os integrantes dos *Sonderkommandos* não tinham nem mesmo a possibilidade de ter o que Primo Levi, sobrevivente de Auschwitz, chamou de "consciência de ser inocente".[4]

São poucos os ex-participantes dos *Sonderkommandos* que se dispõem a falar do que viram e, principalmente, do que fizeram. Quem decide contar sua história geralmente menciona seu estado de choque com a montanha de cadáveres com a qual tinha de lidar

Em troca de seu "trabalho", ademais, os *Sonderkommandos* tinham o "privilégio" de receber um pouco mais de comida que os demais prisioneiros dos campos. E isso, portanto, transformava seus integrantes em "privilegiados" – seguramente mais uma fonte de desconforto moral –, ainda que ninguém fosse invejado por participar de um *Sonderkommando*. Um ex-oficial da SS que esteve no campo de extermínio de Treblinka, em seu testemunho, dá a dimensão do quão baixo era o "trabalho" de um *Sonderkommando*:

> E como tantas pessoas tombavam, como havia tantos mortos dos quais não podíamos nos livrar, os corpos amontoavam-se em volta das câmaras de gás e lá permaneciam durante dias. E sob aquelas pilhas de cadáveres havia uma cloaca, uma cloaca de dez centímetros com sangue, vermes e merda. Ninguém queria retirar aquilo. Os judeus preferiam deixar-se fuzilar a trabalhar ali. [...] Era pavoroso. Enterrar os seus e ver com seus próprios olhos... A carne dos cadáveres ficava-lhe nas mãos.[5]

Por atuarem diretamente no genocídio, os membros dos *Sonderkommandos* eram considerados "portadores de segredos" (*Geheimnisträger*) – isto é, conheciam em detalhes a mecânica da morte em escala industrial, algo que nem mesmo muitos dos nazistas sabiam. Por isso, os membros dos *Sonderkommandos* eram assassinados pelos soldados da SS assim que fossem considerados dispensáveis – e a primeira tarefa dos novos integrantes era queimar os cadáveres dos prisioneiros que estavam substituindo.

Em resumo, o sistema dos campos fazia de tudo para igualar as vítimas aos verdadeiros criminosos, e isso praticamente impossibilita um testemunho franco e completo sobre a experiência desses ex-prisioneiros. Afinal, a Alemanha nazista criou o mais satânico experimento psicológico de todos os tempos, cujas variáveis independentes consistiam em brutalidade, bestialidade e tortura física e mental em uma escala sem precedentes. Não é possível sequer imaginar os efeitos desse assalto massivo sobre o espírito humano na habilidade desses homens, mulheres e crianças de assimilar tais experiências, caso tenham tido a sorte de sobreviver. Assim, não espanta que muitos sobreviventes prefiram uma narrativa estereotipada sobre suas experiências, para evitar os detalhes traumáticos que impuseram severa tensão a essas pessoas por tantos anos.

"Deveriam passar pelo que passamos"

É a verdade "consoladora" de que nos fala o sobrevivente Primo Levi, isto é, uma memória talhada para dar segurança e tranquilidade a quem conta e a quem ouve. Não surpreende que, em alguns casos, os sobreviventes misturem suas próprias lembranças com as narrativas alheias, construindo uma memória estilizada. Evitam-se, quase sempre, detalhes sobre eventual colaboração com os nazistas, porque admitir essa cooperação – totalmente compreensível, naquelas circunstâncias – ameaça a visão que o sobrevivente tem de si mesmo. Está claro que o objetivo é atenuar o sentimento de culpa.

* * *

Além do sentimento de culpa, os sobreviventes têm de conviver com o fato de que sua experiência carece completamente de sentido.

Por um bom tempo, e ainda hoje, há quem defenda a tese segundo a qual os judeus estiveram à beira da extinção por força de um castigo divino – o que nos remete novamente à discussão sobre o nome apropriado desse evento, sendo "Holocausto" uma solução que de certa forma contempla a ideia de purgação. É como se a explicação para o Holocausto, para a qual os conceitos filosóficos existentes eram – e ainda são – brutalmente insuficientes, residisse afinal no campo da metafísica. Não à toa, levou mais de 15 anos, depois da Segunda Guerra, até que os intelectuais judeus publicassem textos que tivessem o Holocausto no centro de suas reflexões.

Para os judeus ultraortodoxos, por exemplo, o Holocausto teria sido um castigo pelas reformas modernizantes introduzidas no judaísmo, que marcariam um afastamento dos dogmas divinos e a valorização do indivíduo em sua relação com o sagrado. O pensador judeu ortodoxo David Halivni, por exemplo,

HOLOCAUSTO E MEMÓRIA

diz que "a gradual erosão da presença de Deus entre nós" se deu de tal maneira que, da perspectiva da relação dos judeus com Deus, "Auschwitz se parece não com um repentino eclipse de Deus, mas sim o resultado final de um longo processo" – isto é, como consequência natural da secularização dos judeus.[6] Muitos ortodoxos pensam como Halivni, ele mesmo um sobrevivente de Auschwitz.

Mas há quem pense o exato oposto e questione se, diante do mal absoluto representado por Auschwitz e pelo Holocausto, é possível falar da própria existência de Deus. Afinal, como Deus, de quem se espera o bem absoluto e a infinita misericórdia, pôde permitir que todo um povo – e não qualquer povo, e sim o povo que a Bíblia chama de "eleito", isto é, o povo cuja responsabilidade é incorporar e difundir as leis divinas – fosse dizimado quase inteiramente pelos nazistas, considerados a encarnação do demônio? Que sentido há nisso?

A pergunta "onde estava Deus?", repetida exaustivamente em relação ao Holocausto, tem, portanto, um papel central na busca – desesperada, no caso dos sobreviventes – por um sentido. Os ex-prisioneiros não apenas têm enorme dificuldade de entender por que seus amigos e familiares queridos foram assassinados sem que tivessem cometido nenhum crime, mas principalmente entender por que razão sobreviveram enquanto milhões de outros morreram. Para Eliezer Berkovits, pensador judeu romeno que conseguiu escapar dos nazistas, mas que teve diversos familiares mortos nos campos de extermínio, o sobrevivente é alguém cuja vida foi poupada para testemunhar a presença de Deus na História – pois somente essa presença explica o fato de que tenha havido sobreviventes num processo de destruição em que qualquer forma de resistência era inútil. De acordo com Berkovits, a sobrevivência de frágeis judeus diante da máquina de extermínio nazista fez desses judeus provas vivas da existência de Deus.[7]

Para os que viveram na pele e na alma o suplício dos campos da morte e dos guetos, tais explicações provavelmente são insuficientes. Tentar entender o que está no campo do incompreensível é um esforço vão, como rapidamente perceberam alguns prisioneiros, que conseguiram se adaptar às condições dos campos justamente porque não questionavam nada. Eles notaram que o esforço de buscar um sentido para aquele inferno lhes retiraria as energias tão necessárias para se manterem vivos. "Não tentar entender", como escreveu o sobrevivente Primo Levi, "era o primeiro lema da sabedoria a ser aprendido no *Lager* [campo]", pois "lógica e moral impediam a aceitação de uma realidade ilógica e imoral: daí decorria uma recusa da realidade que em regra conduzia rapidamente o homem culto ao desespero".[8] Deixar-se transformar em animais, cuja capacidade de reflexão é limitada ao essencial para a sobrevivência, era uma forma de refugiar-se nos campos.

No entanto, uma vez em liberdade, restabelecida sua condição humana, o sobrevivente se vê na natural contingência de ter que encontrar uma explicação para o que sofreu e, principalmente, para o fato de ter sobrevivido. Parte desses ex-prisioneiros diz acreditar que, de alguma forma, fez algo, durante seu encarceramento, que foi decisivo para sua sobrevivência – ou seja, poucos atribuem à simples sorte o fato de terem escapado do genocídio. Um ex-prisioneiro relata:

> Eu costumava dizer para mim mesmo: o que tiver de ser, será. Não se vive para sempre, afinal. Mas eu também tinha o desejo de experimentar o futuro e nunca pensava sobre o passado. De que me adiantaria pensar no passado no momento de enfrentar o crematório? Eu queria viver

e tomava muito cuidado com o que fazia. Eu pensei: continue trabalhando e nada irá acontecer. Sou um homem crente, mas minhas crenças religiosas são de certa forma modernas. Se Deus quisesse que eu sobrevivesse, eu sobreviveria. Minha mulher não teve sorte, assim como minha filha. Eu fui um afortunado. Mas fiz o que pude para corrigir a sorte.[9]

Na mesma linha, outro sobrevivente conta:

Eu superei tudo graças à minha força de vontade. Eu deliberadamente superei memórias terríveis de pessoas sendo torturadas e me forçava a me tornar duro como uma pedra. Eu não me permitia uma única emoção, do contrário dificilmente sobreviveria.[10]

E ainda outro lembra:

Eu nunca perdi a esperança e nunca me deixava abater, embora sempre tivesse medo de que minha hora houvesse chegado. Os sentimentos das pessoas ficaram embotados e elas se fecharam para o mundo ao redor.[11]

Essa forma de pensar está diretamente relacionada ao trauma causado pela ausência de sentido da experiência no campo. Trata-se de uma maneira padronizada de lidar com memórias insuportáveis – pois, como aponta Freud, um trauma como esse é "uma experiência que traz à mente, num curto período de tempo, um aumento de estímulo grande demais para ser absorvido".[12] Mas há também aqueles que acham que sobreviveram por simples sorte – razão pela qual acham que não fizeram por merecer a sobrevivência. São pessoas que provavelmente estavam mais conscientes que as demais sobre a irracionalidade e o absurdo do assassinato em massa organizado e planejado pelo Estado alemão e que agora, em liberdade, demonstram considerável dificuldade para falar do que sofreram. Ou seja, os sobreviventes intelectualmente mais preparados – e, portanto, capazes de questionar o sentido do que estavam sofrendo durante o encarceramento, são os que menos conseguem relatar suas experiências, pois é muito mais penoso colocar em palavras o que não se consegue compreender.

Há, é claro, notáveis exceções, como os já mencionados Primo Levi e Elie Wiesel, cujas profundas reflexões indicam que se trata de sobreviventes que não se limitam a relatar seu sofrimento, mas a colocá-lo em perspectiva para reflexão da humanidade. Para eles, sua sobrevivência só pode ser justificada, quase religiosamente, como a atribuição da missão de testemunhar perante o mundo o que viram e sofreram, por mais incompleto, confuso e muitas vezes omisso que seja esse testemunho. Como consequência, a memória do Holocausto deve incluir, necessariamente, as questões mais espinhosas para os sobreviventes – e talvez a principal delas seja: por que não resistiram?

* * *

Em entrevista para este livro, o sobrevivente Francisco Balkanyi relata seu desalento com o fato de que, quando os nazistas ordenaram a deportação dos judeus de Čakovec (Croácia), entre os quais ele e seus pais, em abril de 1944, "não havia ninguém que nos organizasse ou nos dissesse para resistir". Balkanyi é especialmente duro com os líderes da comunidade judaica local. "Como não tinha um rabino, um chefe da coletividade, que nos dissesse para resistir, ninguém resistiu. Isso me fez ateu", relata. Segundo Balkanyi, os nazistas exigiram que "dez proeminentes advogados e professores judeus" da cidade fizessem uma lista com todos os judeus que conhecessem – um procedimento padrão em praticamente todas as cidades ocupadas pelos alemães no processo do Holocausto. Foi em razão dessa colaboração forçada que os nazistas tiveram enorme facilidade para encontrar, reunir e deportar os judeus. Convocados pelos nazistas a comparecer à sinagoga local, para dali serem encaminhados para os campos da morte, os judeus de Čakovec acataram o chamado sem impor qualquer resistência. "Fomos sozinhos, não fomos levados à força", disse Balkanyi.

Pelo que se depreende do depoimento de Balkanyi, nem todos os judeus concordavam com esse comportamento. Especialmente os mais jovens, como o próprio Balkanyi, à época com 16 anos, tinham desejo de enfrentar os nazistas e chegaram a pensar num levante. "Mas foram apenas intenções", disse Balkanyi, que dali foi mandado para Auschwitz. "Meu pai já pressentia o que ia acontecer, mas não se dispôs a organizar nenhuma resistência. Não era uma gente pronta para resistir; era gente que ia se entregando como cordeiros para o matadouro."

Mas, afinal, era possível resistir? Se mesmo hoje, com tudo o que se sabe sobre a brutal dimensão do Holocausto, ainda há quem pergunte por que razão os judeus, quando eram milhões, não impuseram resistência a seus numericamente inferiores algozes nazistas nos guetos e nos campos da morte, isso significa que, para muita gente, era possível, sim, resistir. E o fato de não ter havido propriamente uma "resistência", no sentido mais comum do termo, isto é, alguma forma de luta direta contra os assassinos, multiplica o sentimento de culpa dos sobreviventes – que assistiram seus familiares e amigos serem cruelmente massacrados pelos nazistas sem opor, na maioria absoluta dos casos, qualquer reação.

Assim, quando se trata de reconstituir a memória do Holocausto, é preciso entender esse fenômeno e seu impacto

"Deveriam passar pelo que passamos"

nos testemunhos dos sobreviventes e daqueles que consegui-ram deixar relatos escritos antes de morrer. E aqui, de novo, a religião e os códigos éticos e morais dos judeus podem ajudar a lançar alguma luz sobre esse complexo problema.

A fé na humanidade é um valor central do judaísmo. De um modo geral, os judeus jamais poderiam imaginar, an-tes do Holocausto, que a negação absoluta da humanidade, isto é, o mal radical representado pelo nazismo, pudesse se manifestar, triunfante, na forma do massacre de milhões de inocentes. Enquanto houvesse uma mínima chance de sobre-vivência – e a estratégia nazista para evitar revoltas consis-tia exatamente em alimentar nos judeus a ilusão de que era possível sobreviver, desde que não houvesse qualquer forma de resistência –, os judeus de um modo geral acreditavam que enfrentar os nazistas era imprudente, além de inútil. O melhor – e o mais condizente com a fé judaica na humanida-de e em seu Deus – seria esperar por um milagre. "Acredito no Todo-Poderoso e num milagre", disse o rabino Alexander Zisha Friedman numa reunião no Gueto de Varsóvia, em 23 de julho de 1942, quando estava em curso a deportação de milhares de judeus e os líderes do gueto discutiam a possi-bilidade de organizar alguma forma de resistência armada. O rabino Friedman era contra essa resistência, pois, segundo entendia, Deus "não permitirá que seu povo seja destruído", razão pela qual bastava "ter paciência e um milagre ocorre-rá".[13] Assim como esse religioso, a maioria dos judeus sim-plesmente se recusava a crer que o extermínio em massa fosse realmente ocorrer. Ou seja, qualquer forma de resistência só teria sido aceita pelos judeus quando a sobrevivência já não fosse mais possível – e foi exatamente por concluir que não havia mais a menor chance de sobrevivência que a juventude

101

remanescente no Gueto de Varsóvia, depois da deportação em massa, em 1943, rebelou-se heroicamente contra os nazistas, numa batalha que esses jovens sabiam ser perdida.

Isso não significa, contudo, que não houvesse quem estivesse disposto a se revoltar ao longo do processo, e as memórias deixadas por alguns desses resistentes revela uma relação amarga com aqueles que aceitaram seu destino sem luta, quando os judeus estavam em maioria. "Podíamos ter nos defendido, não nos deixado matar como gado obtuso", escreveu o novelista polonês Yoshua Perle em seu diário, no qual não poupou a liderança judaica do Gueto por não ter lançado um apelo público para a resistência. Ele foi particularmente duro com o *Judenrat*, o Conselho Judaico do Gueto, e com seu líder, Adam Czerniakow, cujo suicídio, em julho de 1942, foi por ele considerado uma "covardia". Czerniakow havia se matado depois que os nazistas se recusaram a atender a um apelo seu para que poupassem da morte as crianças que estavam em orfanatos no Gueto, entre os quais o orfanato administrado pelo pedagogo Janusz Korczak – que rejeitou todas as oportunidades que teve para deixar o local, alegando que não poderia abandonar suas crianças. Quando apareceram para levar as quase 200 crianças que estavam sob os cuidados de Korczak, os nazistas ainda lhe ofereceram a chance de permanecer vivo, por ser um dos judeus considerados "proeminentes" e cuja sobrevivência interessava ao governo do Terceiro Reich, para servir como moeda de troca numa eventual negociação com seus inimigos na Segunda Guerra. Mas Korczak insistiu em embarcar com suas crianças no trem que os levaria a todos para a morte em Auschwitz, numa das passagens mais tocantes da história do Holocausto. Yoshua Perle, em seu diário, testemunha essa cena, destacando a "cabeça erguida" de

"Deveriam passar pelo que passamos"

Korczak, um gritante contraste com sua avaliação acerca dos líderes do *Judenrat* – que, para Perle, mereciam ser enforcados nos postes do Gueto. E o escritor, a exemplo de outros no Gueto, foi implacável com esses líderes:

> Se todos os judeus corrêssemos para as ruas, se todos tivéssemos escalado os muros do Gueto, se todos tivéssemos inundado as ruas de Varsóvia com facas, machados e pedras – então talvez eles tivessem matado 10 mil, 20 mil, mas nunca teriam matado 300 mil! Teríamos morrido com honra. [...] Se uma comunidade de 300 mil judeus não tentou resistir, se ela apresentou a própria garganta à faca do carniceiro, se ela não matou um único alemão ou um único colaborador judeu – então talvez fosse uma geração que mereceu seu amargo destino![14]

Yoshua Perle, assim como vários outros cronistas do Gueto, exigia dos líderes judeus algo que talvez não pudessem realizar, pela simples razão de que os nazistas se dedicaram a manter o *Judenrat* no escuro até o último minuto sobre o que pretendiam fazer.

Havia trapaça mesmo durante a operação de deportação. Para enganar os milhares de judeus, jogando-os uns contra os outros, os nazistas informavam que nem todos seriam "reassentados"; os judeus do *Judenrat* e de outras organizações do Gueto, por exemplo, seriam poupados. Assim, quem tivesse documento vinculando-se a uma dessas organizações poderia ser salvo. Tudo isso era mentira, claro, mas bastou para uma desenfreada busca por esses papéis e despertou rancor entre aqueles que não seriam favorecidos.

Durante uma seleção, em 6 de setembro, os alemães entregaram "números de trabalho" a alguns judeus. Sádicos, os nazistas davam esse número salvador para um pai, mas não para a

103

mulher e os filhos. Houve casos em que os judeus que receberam esse documento aceitaram ser salvos, abandonando seus familiares à morte; e houve os que recusaram a isenção e se juntaram aos que seriam deportados para a morte. Portanto, assim como acontece com o resto da humanidade, havia canalhas e corajosos entre os judeus do Gueto de Varsóvia.

Como sempre havia "exceções", os judeus do Gueto de Varsóvia demoraram a se mobilizar contra a deportação; afinal, se havia chance de ser essa "exceção", não valia a pena enfrentar a autoridade nazista. Além disso, a maioria não acreditava que o gigantesco Gueto pudesse ser aniquilado, mesmo depois que começaram a chegar informações a respeito do genocídio em andamento em outras cidades do Leste Europeu. Afinal, como vimos, os judeus, por sua formação, esperavam que, no final, a decência triunfaria sobre o mal. Ademais, os judeus deportados do Gueto para os campos da morte eram obrigados a escrever cartas para seus parentes em Varsóvia contando-lhes que estavam bem de saúde e que haviam obtido bons empregos. Essas cartas mentirosas ajudavam os nazistas a arrefecer uma eventual resistência.

Como se vê, os nazistas, além de cruéis e impiedosos, enganavam os judeus das mais diversas maneiras, e ainda contavam com informantes e com a presença da implacável e corrupta polícia judaica. Acima de tudo, apostavam nas divisões políticas existentes na sociedade judaica. Era isso que, no final das contas, imobilizava as lideranças judaicas e inviabilizava a organização de uma eventual resistência.

Nos campos de concentração, a possibilidade de fuga ou revolta era ainda mais remota. Fugir ou resistir era possível para os soldados americanos e britânicos feitos prisioneiros. Eles podiam tentar e nada lhes aconteceria, pois estavam sob convenções de guerra. O mesmo não se aplicava aos prisioneiros civis ou militares considerados racialmente inferiores – judeus e soldados soviéticos – e fora de qualquer jurisdição formal. Além disso, os judeus estavam fisicamente enfraquecidos demais para empreender a aventura de uma fuga praticamente impossível. E havia o fator medo: "O campo estava cercado por cercas elétricas, não dava para fugir", conta Francisco Balkanyi, sobrevivente de Auschwitz, em entrevista para este livro. "Eu vi o enforcamento de dois ou três prisioneiros que tentaram fugir e que foram pegos. Fiquei com medo. Havia quem se jogasse nas cercas elétricas para se matar."

Na remota hipótese de algum prisioneiro ser bem-sucedido em escapar das cercas eletrificadas, dos cães de guarda, dos sentinelas armados nas torres e do arame farpado do campo, restava-lhe ainda o desafio de enfrentar um ambiente potencialmente hostil do lado de fora, um mundo que para a maioria dos judeus prisioneiros, capturados em outras cidades ou países, era desconhecido. "O problema é que a gente não sabia polonês. Na Polônia, a gente ia falar em que idioma?", relata Francisco Balkanyi sobre a dificuldade de conseguir ajuda depois de uma eventual fuga. "Eu tinha 16 anos, não conhecia a fronteira, o mapa da Polônia, eu ficaria perdido. Era perigoso! Os que eram pegos fugindo eram fuzilados ou enforcados. Então a gente, ao menos no grupo que estava comigo, se conformou em apenas sobreviver."

Ainda que fossem poloneses e falassem a língua local, os judeus que conseguissem fugir não teriam a quem procurar para recomeçar a vida, uma vez que todos os familiares ou estavam ainda presos ou haviam sido mortos, e suas casas haviam sido confiscadas e entregues a outras pessoas. Portanto, não havia propriamente uma vida a ser retomada. Era preciso recomeçar do zero, em condições extremamente precárias.

Portanto, não passa de uma fantasia até mesmo cruel imaginar que houvesse alguma possibilidade real de resistência ou fuga naquele ambiente e naquelas condições. Os mitos criados pelos romances literários e pelo cinema a respeito de prisioneiros que escapam do cárcere injusto não se aplicam aos judeus dos campos da morte, que se encontravam no limite da exaustão física e mental. Eram, no dizer de Primo Levi, "homens-trapo", incapazes de nada além de sobreviver, e é tremendamente injusto questioná-los a respeito de sua inação.

Ademais, convém lembrar que mais de 2 milhões de soldados russos, na condição de prisioneiros de guerra, foram mortos pelos nazistas, e ninguém pergunta por que esse enorme contingente foi incapaz de oferecer resistência em larga escala. Ora, a maioria absoluta desses homens certamente estava em condições de lutar contra seus algozes, não só por sua condição física como soldados, mas por seu treinamento militar. Acrescente-se a isso o fato de que eles eram prisioneiros em locais próximos de sua terra natal, o que lhes tornaria fácil esconder-se em caso de fuga. E, no entanto, esses milhões de soldados pereceram sem resistência, mas apenas os judeus – civis, esfomeados, doentes, destituídos de tudo – são cobrados por sua indisposição de enfrentar os nazistas. A injustiça histórica nesse caso é flagrante.

Também é injusto perguntar aos sobreviventes por que não emigraram quando a ação nazista contra os judeus, antes da guerra, já havia deixado o campo da ameaça retórica para a prática das leis de segregação e das deportações. Em primeiro lugar, poucos naquela época acreditavam que fossem para valer as ameaças de Hitler e dos nazistas de eliminar os judeus como bacilos de tuberculose. Hoje, depois do Holocausto, é fácil perceber nos virulentos discursos do

Führer o anúncio do monumental crime que estava para ser cometido, mas não se pode esperar que os judeus de então fossem prescientes ao ponto de imaginar que aquelas palavras de Hitler seriam traduzidas no inconcebível extermínio em massa do povo judeu. Além disso, emigrar é uma decisão sempre muito dura – deixa-se para trás toda uma vida e toda uma identificação nacional em troca de uma segurança que nem de longe era garantida.

Ainda assim, houve aqueles que decidiram não pagar para ver e resolveram fugir, mas então encontraram fechadas as fronteiras da maioria dos países europeus e mesmo dos Estados Unidos e da América Latina, Brasil inclusive. O problema dos refugiados judeus que tentavam escapar da perseguição nazista no cada vez maior Reich alemão foi tema de uma conferência internacional em julho de 1938, na cidade francesa de Évian-les-Bains, após convocação do então presidente dos Estados Unidos, Franklin Roosevelt. O resultado foi vergonhoso: de todos os 32 países participantes, apenas a República Dominicana aceitou aumentar sua cota de acesso de judeus. Para o historiador britânico Richard Evans, foi uma espécie de "sinal verde" para o genocídio, já que, aparentemente, o mundo não se importava com o destino de judeus destituídos de seus bens, de sua nacionalidade e de sua cidadania.[15] Hitler, sarcástico como sempre, entendeu perfeitamente o recado: "Eles (os países reunidos em Évian) esperam que a Alemanha, com seus 140 habitantes por quilômetro quadrado, continue mantendo seus judeus sem nenhum problema, ao passo que os impérios do mundo democrático, com apenas algumas pessoas por quilômetro quadrado, não podem, de maneira alguma, tomar esse fardo para si. Em resumo, nenhuma ajuda, apenas sermão, sem dúvida!".[16]

Isso foi antes da guerra – época em que ainda se podia duvidar das reais intenções de Hitler. Depois do início da guerra, contudo, rapidamente tornou-se muito claro para o mundo o que os nazistas pretendiam fazer com os judeus, e mesmo assim o terrível destino de todo esse povo despertava apenas indiferença. Para os judeus que esperavam a solidariedade que não veio, foi um choque. Como desabafou Shmuel Winter, integrante do *Judenrat* (Conselho Judaico) do Gueto de Varsóvia: "Eles, os judeus no estrangeiro e o mundo em geral, sabem (o que está acontecendo aqui). [...] O que estão fazendo, como estão reagindo? Simplesmente levantam da cama, leem os jornais, tomam café da manhã e reclamam do tempo fechado? Não se sentem incomodados com nada? Nem um pouco da nossa dor chega até eles?".[17]

Essa vergonhosa indiferença do mundo em relação ao destino dos judeus foi determinante para que o tema do Holocausto demorasse a ser abordado de maneira ampla, em toda a sua complexidade. Poucos tiveram e ainda têm coragem de olhar para o genocídio dos judeus e identificar ali a própria miséria da humanidade. Pois, afinal, os nazistas não eram aberrações, mas homens e mulheres como quaisquer outros, e isso torna tudo muito mais difícil.

Mas então, como veremos na segunda parte, veio a cultura popular, especialmente o cinema, e simplificou tudo, inserindo o genocídio dos judeus numa história épica de luta do bem contra o mal – o que foi decisivo para moldar a memória do Holocausto tal como a conhecemos hoje. Certamente serviu para aplacar consciências, mas dificultou, e muito, a compreensão da dimensão terrivelmente humana dessa tragédia tão complexa.

NOTAS

[1] Giorgio Agamben, *O que resta de Auschwitz: o arquivo e a testemunha [Homo Sacer III]*, São Paulo, Boitempo, 2008, p. 42.

[2] Primo Levi, op. cit., p. 72.

[3] Paul Matussek, *Internment in Concentration Camps and its Consequences*, Berlim, Springer-Verlag, 1975, p. 186.

[4] Primo Levi, op. cit., p. 41.

[5] Claude Lanzmann, *Shoah: vozes e faces do Holocausto*, São Paulo, Brasiliense, 1987, p. 81.

[6] Ariel Finguerman, *A teologia do Holocausto*, São Paulo, Paulus, 2012, p. 43.

[7] Idem, p. 71.

[8] Primo Levi, op. cit., p. 115.

[9] Paul Matussek, *Internment in Concentration Camps and its Consequences*, Berlim, Springer-Verlag, 1975, p. 32.

[10] Idem.

[11] Idem.

[12] Arthur Nestrovski e Marcio Seligmann-Silva (orgs.), *Catástrofe e representação*, São Paulo, Escuta, 2000, p. 8.

[13] Israel Gutman, *Resistência: o levante do Gueto de Varsóvia*, Rio de Janeiro, Imago, 1995, p. 137.

[14] Samuel D. Kassow, *Quem escreverá nossa história? Os arquivos secretos do Gueto de Varsóvia*, São Paulo, Companhia das Letras, 2009, p. 245.

[15] Richard J. Evans, *The Third Reich in Power*, Nova York, Penguin Books, 2005, p. 607.

[16] Saul Friedländer, *A Alemanha Nazista e os judeus - volume 1: os anos da perseguição, 1933-1939*, São Paulo, Perspectiva, 2012, p. 323.

[17] Samuel D. Kassow, op. cit., p. 202.

PARTE 2
O mundo e o Holocausto

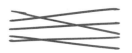

O PROBLEMA DA SIMPLIFICAÇÃO

Para compreender, é preciso simplificar. E toda simplificação presume alguma dose de redução.

Como já vimos na primeira parte do livro, o Holocausto, com seu imenso emaranhado de contradições, jamais será compreendido em toda a sua dimensão, mesmo que a passagem do tempo permita uma visão mais abrangente e menos afetada pelas paixões. E essa dificuldade passa por reconhecer, em primeiro lugar, que as relações dentro dos campos nazistas e nos guetos, de tão corrompidas, não podem ser reduzidas a vítimas de um lado e opressores do outro.

Ou seja, o Holocausto não cabe em modelos narrativos aos quais nos habituamos – especialmente o modelo marxista, que enquadra tudo na luta de classes, em que é fácil identificar quem está em um lado e em outro. E não cabe porque entre as vítimas – e não há dúvida sobre quem eram as vítimas – havia também quem oprimisse. O inimigo podia estar em toda parte, inclusive vestido como prisioneiro.

Como já vimos, quase sempre a lembrança do sobrevivente sobre sua chegada ao campo era a de ser pego de surpresa pelas pancadas desferidas por alguns prisioneiros, que trabalhavam para os nazistas em troca de fragmentos de poder e uma ração alimentar menos rala. E rapidamente o prisioneiro recém-chegado aprendia, da maneira mais dolorosa, que não era possível reagir, pois, se um desses funcionários fosse agredido, outros "privilegiados" viriam em seu socorro para preservar o sistema, espancando o "rebelde" até que entendesse como as coisas funcionavam.

O resultado desse sistema dos campos nazistas era que os prisioneiros perdiam a capacidade de julgar, já que não era possível mais saber onde estavam o bem e o mal, o senhor e o escravo. Todos se igualam na degradação humana. Nos guetos, a situação não era muito diferente.

Essas contradições e tensões raramente aparecem nas representações populares do Holocausto, em especial no cinema, que habitualmente apresenta vítimas e carrascos sem nuances. Como veremos neste capítulo, há quem considere impossível representar artisticamente o Holocausto, como o cineasta francês Claude Lanzmann, para quem o genocídio dos judeus europeus é, por definição, ininteligível. Imagens representativas do Holocausto, segundo sua opinião, camuflam e distorcem o que aconteceu, limitando sua compreensão. Servem apenas para satisfazer o desejo de "saber" o que houve, mas, no máximo, permitem um lampejo. Em poucas palavras, simplificam o que não é e jamais será simples.

O Holocausto seria, portanto, uma espécie de indecifrável enigma, um evento que, ao mesmo tempo em que serviu para definir o século XX, tornou obsoletas todas as formas

O PROBLEMA DA SIMPLIFICAÇÃO

de representação disponíveis para sua compreensão. O historiador Saul Friedländer, um dos expoentes do estudo do Holocausto, afirma que o genocídio dos judeus exige uma memória sem banalização. "Isso sugere, em outras palavras, que existem limites para a representação que não deveriam ser transgredidos, mas que podem facilmente sê-lo".[1] Para ele, as nossas categorias tradicionais de conceituação e de representação "são de fato insuficientes, e a nossa linguagem em si, problemática".[2] O "excesso" que caracteriza o Holocausto impossibilitaria colocá-lo em frases inteligíveis, pois nenhuma seria capaz de traduzir exatamente ou mesmo aproximadamente o que ali se passou.

Assim, quem pretende escrever e interpretar a história do Holocausto estaria fadado a fazer seu trabalho de maneira sempre insatisfatória. Se seu objeto, por definição, não tem limites, como delimitá-lo? Se não pode nem sequer ser imaginado, como se poderia representá-lo? É aqui que entraria a arte, com sua capacidade de imaginar, como nos sonhos.

O problema é que, no caso do Holocausto, é preciso também questionar se a tentativa de representação fiel dos fatos é possível e mesmo desejável. Como vimos na primeira parte do livro, os campos nazistas e os guetos tinham realidade em excesso, traduzida na forma de sofrimento extremo e permanente, o que dá a sensação de irrealidade.

Nesses lugares infernais, não havia nada que pudesse ser chamado de "passado" nem algo parecido com um "futuro". Como no mundo animal, havia apenas o constante e opressor "presente", que mobilizava todas as forças de cada ser por sua sobrevivência. Mesmo a morte perdia seu caráter de ruptura entre o agora e o além, já que ela se tornava a única realidade possível. A vida, como contraponto à morte, também perdia seu sentido. Assim era o mundo totalitário: só existia "vida" dentro

115

do campo; nada existia fora. O que existia antes já não fazia sentido, e não haveria nada depois daquilo.

Hoje em dia, contudo, há uma quantidade cada vez maior de informações sobre o genocídio dos judeus, por meio de novos documentos e de testemunhos inclusive de quem participou dos massacres. Tal material é impactante demais para ser ignorado pela indústria cultural, cujos principais produtores, a partir dos anos 1970, por razões que discutiremos mais adiante, passaram a se interessar mais intensamente em retratar o Holocausto, em especial na forma de arte cinematográfica. Neste momento, uma questão se impõe: sabendo que a exposição contínua à violência tende a produzir indiferença quanto a essa violência, quais seriam os limites éticos para a representação de um evento tão extremo como o Holocausto?

* * *

O dilema que se coloca para a arte em relação ao Holocausto é óbvio. Se há simples reprodução da violência extrema (que era a realidade dos campos), corre-se o risco de gerar um efeito de irrealidade – com a agravante de incitar o prazer do espectador com o sofrimento alheio. Por outro lado, se houver distanciamento e algum grau de fantasia, para mitigar a violência ou colocá-la no campo do simbólico, certamente haverá críticas porque se estará escamoteando a inapelável realidade dos campos nazistas e dos guetos.

É aqui que entram os embates mais significativos sobre o papel da arte diante da negação absoluta do humano. Para o filósofo alemão Theodor Adorno, "escrever um poema após Auschwitz é um ato bárbaro".[3] Auschwitz, ou o Holocausto, seria uma fratura insuperável da história da civilização e, na visão daquele filósofo, qualquer forma de representação

O PROBLEMA DA SIMPLIFICAÇÃO

artística teria o condão de dar algum sentido para algo que está completamente fora do campo da razão, o que seria não apenas uma falsidade, mas uma barbaridade. A própria arte estaria interditada.

É claro que tal afirmação é controvertida e deve ser contestada (o próprio Adorno recuaria dela mais tarde), especialmente porque a arte pode ser vista como o lugar próprio da irrealidade, capaz, ademais, de gerar a empatia necessária em relação às vítimas de uma catástrofe como o Holocausto.

Há, obviamente, o risco da relativização do Holocausto, muito comum em obras artísticas populares, o que, por sua vez, pode facilitar o trabalho dos revisionistas – aqueles que levantam suspeitas sobre as certezas historiográficas com o fim não de aperfeiçoar nossa visão sobre o passado, mas de deturpá-la e, assim, negar os fatos históricos. E esse risco é claro e permanente: se as imagens ficcionais se sobrepõem ao conhecimento histórico sobre o Holocausto, isto é, se a memória coletiva sobre o genocídio dos judeus for construída não segundo os referenciais historiográficos sólidos, mas sobre a encenação artística de filmes campeões de bilheteria, então será apenas uma questão de tempo para que não se consiga mais fazer a distinção entre o histórico e o ficcional. Um filme será tão mais crível quanto mais respeitar as imagens consagradas do que pretende retratar, em vez das muitas vezes confusas e inconclusivas referências históricas nas quais supostamente deveria se basear. Assim, a "realidade" demonstrada nos filmes é apenas um estereótipo, a repetição de um discurso conhecido e legitimado, mas não necessariamente verdadeiro. Escancara-se o campo para o negacionismo, por uma razão muito simples: se é fácil e cômodo aceitar a representação artística do Holocausto como se fosse a tradução fiel do genocídio, malgrado as características intrinsecamente

117

ficcionais dessa representação, então também não será difícil aceitar como verdadeira a versão criminosa dos revisionistas e negacionistas sobre o genocídio dos judeus europeus. A irreproduzível tragédia desses judeus ficará, assim, em algum lugar entre a ficção e a mentira.

Esse dilema é resultado direto do fato de que o Holocausto foi arquitetado pelos nazistas para ser um crime sem testemunhas – isto é, sem rastros (a maioria dos campos de extermínio foi demolida) e sem sobreviventes. A única forma de resgatar essa memória é pelo depoimento das vítimas que, contrariando todas as probabilidades, sobreviveram. Mas esses narradores, que sofreram as consequências do que narram, são humanamente incapazes de fazer um relato abrangente e fidedigno do que de fato aconteceu, pois não tiveram uma visão global do Holocausto, apenas a repetição sistemática de violência extrema contra si mesmo e contra os que estavam próximos, e principalmente porque muito do que testemunharam é incompreensível inclusive para eles mesmos. Nesse caso, seu testemunho dificilmente escapa de algum grau de ficção e de banalização, às quais o narrador recorre para dar sentido ao que nenhum sentido tem.

Assim, talvez seja compreensível que, na sua missão de convidar o espectador a ser ele também, à sua maneira, testemunha do Holocausto, a arte dedicada a esse tema, especialmente o cinema, também recorra basicamente à banalização e à ficção. O importante, aqui, é discutir até onde isso é possível e eticamente aceitável.

* * *

Por definição, o testemunho de algo que aconteceu só pode ser feito por quem viu esse acontecimento. Não há possibilidade

O PROBLEMA DA SIMPLIFICAÇÃO

de substituição, o que transforma o testemunho em fardo intransferível. "Ninguém testemunha pelas testemunhas", escreveu o poeta romeno Paul Celan, ele mesmo um sobrevivente do Holocausto.[4] Com isso, Celan não quis afirmar apenas que, depois da morte dos sobreviventes, não haverá mais memória do Holocausto, mas, pior do que isso, que a memória será construída por aqueles que não o testemunharam, por meio de generalizações, simplificações e construção de mitos. Celan, como Adorno, rejeita a transformação do Holocausto em objeto lírico – e, se não é possível retratar o Holocausto sem poesia, então é preferível o silêncio.

Há um óbvio problema moral aí, derivado da questão estética. Se é certo que o Holocausto está além de nossa capacidade de compreensão, se é realmente indescritível, pois se tratava da execução de um projeto de eliminar todo um povo da face da Terra, inclusive a memória de sua existência, como representá-lo nas formas conhecidas de arte? Os poemas de Celan, para ficar num dos exemplos mais radicais de arte do Holocausto, são propositalmente herméticos, pois o autor parece entender que só assim, beirando a incompreensão, seria possível captar a essência da tragédia. No entanto, sem um mínimo de conhecimento prévio sobre o Holocausto, construído sobre uma mistura de fatos históricos e modelos estéticos consagrados de representação, a riquíssima poesia de Celan subitamente se tornaria pobre. Então, é preciso que o leitor ou o espectador de obras artísticas sobre o Holocausto tenha condições de fazer a correlação entre o que está vendo e aquilo que se conhece sobre a catástrofe dos judeus, e isso só é possível por meio de referenciais históricos e culturais – mas também, é certo, sob influência de uma enorme carga moral.

Se há uma inadequação intrínseca da representação artística do Holocausto, pois nenhuma representação, nesse

HOLOCAUSTO E MEMÓRIA

caso, será nem sequer próxima do original, então a questão que se impõe não é propriamente se o Holocausto pode ser adequadamente representado, mas sim como justificar o que ali é representado. Assim, é mais confortável tratar a representação do Holocausto dentro dos cânones morais, como se fosse uma obra sacra. Como se sabe, textos sacros são parábolas para ensinar o caminho reto rumo a uma vida santa, e portanto prescindem da precisão histórica, distinguindo claramente o certo e o errado, o bem e o mal. Por essa razão, obras artísticas que assumem esse caráter sacro não podem ter nenhuma contradição. As contradições, se houver, devem ser apenas figurativas, nunca literais, pois do contrário estariam comprometidas as lições morais que da obra se deve extrair. Considerar o Holocausto um evento quase místico, religioso (o nome "Holocausto" indica essa tendência, como vimos no primeiro capítulo), coloca-o no terreno do indizível, do figurativo, em que tudo só faz sentido dentro da grande obra de Deus, na qual nada está fora de seu lugar moral.

Essa visão obviamente não é consensual. O escritor alemão Günter Grass, premiado com o Nobel de Literatura em 1999, comentou, a propósito da já citada e muito polêmica afirmação de Adorno sobre a impossibilidade da poesia depois de Auschwitz, que aquele "mandamento" do filósofo seu conterrâneo lhe parecia "quase antinatural": "É como se alguém, atribuindo-se as funções de Deus-pai, tivesse proibido os pássaros de cantar". Seria o equivalente a "impor à fantasia poética [...] uma temporada de jejum".[5] Na mesma linha, o filósofo e historiador francês Georges Didi-Huberman sustentou que esse sentimento de impossibilidade a respeito do Holocausto deve encontrar na arte um ponto de resistência. Se há a sensação de que algo é impensável, como é o caso do genocídio dos judeus, então é aí que entra a imaginação, que é a maior das faculdades políticas. "Podemos até partir do princípio [...] de que não há representação perfeita de um evento extremo como a Shoah", disse Didi-Huberman em entrevista ao jornal *O Globo*. "Mas, se ficamos nessa posição tudo está perdido, porque nos submetemos ao inimaginável e fazemos dele algo sagrado. Prefiro dizer que podemos tentar imaginar, apesar de tudo."[6]

NOTAS

[1] Saul Friedländer, *Probing the Limits of Representation: Nazism and the Final Solution*, Cambridge, Harvard University Press, 1992, p. 3.

[2] Idem, p. 5.

[3] Theodor Adorno, *Prismas: crítica cultural e sociedade*, São Paulo, Ática, 1998, p. 26.

[4] Paul Celan, *Selections*, Berkeley, University of California Press, 2005, p. 31.

[5] Laurel Cohen-Pfister e Dagmar Wienroeder-Skinner (eds.), *Victims and Perpetrators: 1933-1945: (Re)Presenting the Past in Post-Unification Culture*, Berlim, Walter de Gruyter, 2006, p. 93.

[6] Georges Didi-Huberman, "Apesar de tudo", *O Globo*, 16 mar. 2013, Caderno Prosa e Verso, p. 2.

É POSSÍVEL A FICÇÃO NO HOLOCAUSTO?

Nas narrativas literárias do Holocausto, parece haver uma consciência comum que as guia na mesma direção, como se as vozes estivessem coordenadas, em uma espécie de coro. Isso acontece porque existe um contexto fortemente moral no Holocausto, além de seu aspecto histórico, que perpassa consciências e pressiona a literatura desse tipo a tomar uma certa forma, cuja função é quase sagrada. Não é incomum, por isso, que haja um certo mal-estar, uma sensação de inadequação, ao se tratar do Holocausto como tema literário ou de ficção, isto é, fora do formato "sagrado". É como se não fosse permitido, por alguma lei não escrita, retratar o Holocausto não como aconteceu, mas como alegoria.

De fato, é preciso admitir que esse tipo de literatura, que desperta a atenção e serve como forma de tornar o Holocausto conhecido em toda parte, funciona também como justificativa para obras sensacionalistas, triunfalistas e historicamente problemáticas. Quando Adorno denuncia que escrever obras literárias e poéticas depois de Auschwitz (e, subentende-se, sobre Auschwitz) é

HOLOCAUSTO E MEMÓRIA

a barbárie, o filósofo alemão fala justamente desse limite de representação, que em suas premissas deve ser levado muito a sério em qualquer julgamento ou texto literário imaginativo sobre a Solução Final. No entanto, mesmo que se aceitasse a afirmação de Adorno por seu valor de face (o que ele mesmo não faria, como esclareceu depois), temos que admitir que o barbarismo de fazer poesia sobre o Holocausto é infinitas vezes preferível ao barbarismo de esquecer o Holocausto – ou, o que é pior, de negá-lo.

Nesse sentido, mesmo algumas representações distorcidas do Holocausto, cuja intenção é acentuar melodramaticamente certas situações, podem ser necessárias. Essas produções servem ao propósito de chamar a atenção para a ocorrência do Holocausto em si, provavelmente sendo mais eficientes para os leitores das gerações mais novas, cada vez mais distantes daqueles trágicos acontecimentos.

É possível falar em três categorias de literatura do Holocausto: a que reivindica veracidade histórica, sem ser historiografia – isto é, pretende retratar a verdade do que aconteceu, e não ser uma interpretação do que aconteceu, como cabe à História fazer; a que se supõe historicamente veraz, mas sem reivindicar essa característica, senão de forma indireta, por meio do contexto; e, por fim, há a categoria propriamente historiográfica, de acordo com o ideal do historiador alemão Leopold von Ranke, isto é, a história "como ela se passou exatamente" (*wie is eigentlich gewesen*), com método científico.

Os diários das vítimas estão no primeiro grupo, mas aqui também cabem as memórias, a autobiografia e os depoimentos orais dos sobreviventes, reunidos em instituições como a Fundação Shoah, ainda que nestes últimos casos haja uma mediação que inexiste no caso dos diários. Estes, de fato, são melhor exemplo de história "tal como aconteceu", contada no calor dos acontecimentos.

Os diaristas escrevem na mais completa ignorância sobre o que acontecerá no dia seguinte e estão restritos a acontecimentos que ocorrem com eles, em geral narrados para si mesmos. O

É POSSÍVEL A FICÇÃO NO HOLOCAUSTO?

futuro, assim, é incapaz de afetar a memória ou a interpretação dos fatos narrados. Isso se aplica mesmo para os diaristas mais perspicazes, capazes de antecipar o futuro a partir dos escassos elementos do presente e com base na estrita realidade dos guetos em que viviam. Há, portanto, uma enorme diferença entre esse "futuro" imaginado pelos diaristas e o passado narrado por aqueles que sobreviveram, como o italiano Primo Levi ou o romeno Elie Wiesel, que afinal conhecem o "futuro" e julgam seu passado a partir desse ponto de vista privilegiado.

Há dezenas de bons exemplos de diários e relatos da época, como o diário do filólogo alemão Victor Klemperer, cujos pais eram judeus, mas que se declarava protestante, e era casado com uma "ariana" – isto é, uma alemã não judia. Considerado judeu pelas autoridades nazistas, sofreu todas as privações reservadas aos judeus na Alemanha. Ainda assim, não quis sair do país quando podia (era um orgulhoso alemão, como a maioria dos judeus alemães), permanecendo em Dresden, e é isso o que torna seu relato tão precioso. Sua obra, escrita quase sempre em condições muito precárias, é clarividente sobre a natureza do nazismo e serve até hoje como referência intelectual e histórica a respeito do espírito criminoso do regime de Hitler e da complacência da classe média alemã com a perseguição aos judeus, que preparou o terreno para o Holocausto.

Mas o diário mais famoso e importante é, sem dúvida, o *Diário de Anne Frank*. Embora sem a profundidade intelectual do texto de Victor Klemperer, pois afinal Anne Frank tinha apenas 13 anos quando começou a escrever seu relato (ela morreu aos 15, no campo de Bergen Belsen), o *Diário de Anne Frank* é, no entanto, a síntese da catástrofe humana do Holocausto. Pois ali estava não uma perigosa "inimiga da raça ariana", como Adolf Hitler se referia aos judeus em geral, mas sim uma adolescente que apenas iniciava a vida, com seus amores e sonhos – tudo isso tragicamente interrompido pela insanidade nazista. É isso o que parece despertar o interesse universal por sua obra.

125

Holocausto e Memória

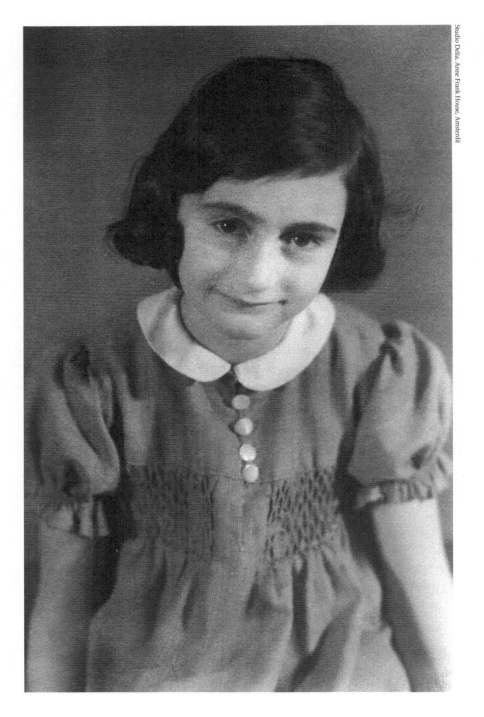

126

É POSSÍVEL A FICÇÃO NO HOLOCAUSTO?

Anne Frank, na página ao lado, em 1935,
quando tinha 6 anos, e , acima,
capas de diversas traduções de seu famoso diário.

De alguma forma, o relato de uma menina que nutria as mesmas paixões, os mesmos problemas familiares e a mesma ingenuidade que qualquer adolescente, escrito num esconderijo com sua família ao longo de dois anos em Amsterdã (Holanda), sem que a autora soubesse que morreria dali a pouco tempo em circunstâncias especialmente dolorosas e cruéis, tocou o coração do mundo. Esse aspecto é crucial: é preciso reconhecer que o *Diário de Anne Frank* talvez seja especial não propriamente por suas qualidades literárias, mas porque o leitor sabe que a autora, uma menina sonhadora e inocente, vai morrer num campo nazista.

Imaginemos, por um momento, que Anne Frank sobreviveu e foi viver sua vida em algum lugar dos Estados Unidos depois da guerra – como fez o escritor americano Philip Roth no romance *O escritor fantasma* (1979). Nesse livro, o *alter ego* de Roth, o escritor Nathan Zuckerman, enamora-se de uma mulher que acredita ser Anne Frank — que teria sobrevivido milagrosamente ao Holocausto e, sem contar a ninguém sobre sua sorte, adotara o nome de Amy Bellete e fora para os Estados Unidos para estudar e se tornar a grande escritora que sempre quis ser. De acordo com essa versão delirante, Amy Bellete decidiu manter-se incógnita, sem revelar sua identidade, porque o estrondoso sucesso do *Diário de Anne Frank,* publicado pelo pai da menina, que causou comoção mundo afora, se devia em grande medida à sua presumível morte no campo de Bergen Belsen. Anne Frank/ Amy Bellete havia se convencido de que era tarde demais avisar ao pai que estava viva. A personagem "Anne Frank", a do diário, ganhara vida própria. Aqui, a genialidade de Roth se manifesta: nessa pequena digressão, o escritor americano mostra como há judeus que vivem a vida como se o nazismo ainda estivesse em vigor, como se fossem eles o monumento a representar os milhões de mortos – tornando-os, assim pensam, moralmente inatacáveis e também moralmente autorizados a manifestar rancor contra o mundo e a criticar os judeus que preferem seguir adiante. Amy

Bellete é a Anne Frank humana, real; a Anne Frank do famoso diário, por sua vez, é uma mártir, o mais próximo possível que uma judia chegou da condição de santa.

Nada disso teria alcançado a dimensão que obteve, no entanto, se a obra de Anne Frank não tivesse algum valor do ponto de vista literário, embora esse valor raramente seja reconhecido por historiadores e críticos. De novo, o que temos aqui é uma impossibilidade, como tudo o que cerca o Holocausto. "O diário de uma criança, mesmo quando essa criança era uma escritora tão natural, dificilmente poderia sustentar críticas literárias", admite Harold Bloom, o mais respeitado crítico literário americano. "Como esse diário é emblemático de centenas de milhares de crianças assassinadas, a crítica é irrelevante [...]. Não se pode escrever sobre o *Diário de Anne Frank* como se o assunto fosse Shakespeare ou Philip Roth."[1]

* * *

Há também casos muito curiosos em que escritores de obras imaginativas sobre o Holocausto reivindicaram a categoria de "não ficção" para seus livros. Foi o caso de Art Spiegelman e seu livro *Maus*. Trata-se de uma história em quadrinhos na qual Spiegelman conta a experiência de seu pai, Vladek, durante o Holocausto. É um relato autobiográfico de Vladek, desde a vida da família na Polônia até a deportação para Auschwitz e, depois, sua volta para casa, tudo narrado pelo pai numa série de entrevistas ao filho, que "traduziu" esse relato nesta obra *sui generis*, na qual o autor também descreve sua complexa relação com Vladek.

Quando a obra foi publicada nos Estados Unidos e se tornou *best-seller*, o jornal *The New York Times* a colocou na lista dos mais vendidos na categoria de "ficção", provavelmente por usar uma linguagem – os quadrinhos – normalmente vinculada a histórias de super-heróis e aventuras. Naquele momento, Art Spiegelman pediu que o jornal reclassificasse sua obra como sendo de "não ficção", mas o próprio autor, em outros momentos, entendia que *Maus* era um relato literário ficcional. Quando foi indicado para o prêmio da National Book Critics Circle, *Maus* foi classificado como "biografia" – logo, não ficção.

O livro de Art Spiegelman baseia-se, além do relato do pai, em evidente pesquisa histórica, para retratar a vida dos judeus poloneses antes da guerra. Nesse sentido, pode-se ler *Maus* como um livro de História. Mas também contém muitos elementos da ficção, especialmente alegorias – e a principal delas é a caracterização dos judeus como ratos (*Maus*, em alemão, no singular) e os nazistas como gatos. Essas alegorias são necessárias para dar conta dos diversos filtros pelos quais o relato de Vladek passou: sua memória, a memória do filho, o confronto destas com a história e, é preciso enfatizar, com a memória estereotipada do Holocausto. "Estou consciente de que o que criei é uma ficção realística", disse Art Spiegelman em entrevista a uma revista de História Oral em 1987. "As experiências pelas quais meu pai passou não são exatamente como ele as relembra e como ele consegue articular. E há também o problema de como eu consigo entender e articular o que ele diz, e ainda como eu consigo colocar no papel o que eu penso ter entendido. E ainda há o modo como o leitor interpreta tudo isso."[2]

Não é possível imaginar, diante disso, que algum relato seja efetivamente a tradução definitiva do que aconteceu no Holocausto, o que reserva um lugar importante para a literatura, com suas alegorias, metáforas e simbolismos, na construção da memória do genocídio. No entanto, a literatura do Holocausto aspira à condição de História e mesmo de registro historiográfico. É muito difícil separar uma coisa da outra.

Parece óbvio, ademais, que os artistas nem deveriam pensar no ideal do belo, próprio da imaginação literária e poética, ao abordar o tema do Holocausto. A História como tal, com sua crueza, passa

É POSSÍVEL A FICÇÃO NO HOLOCAUSTO?

a ser o recurso natural do artista diante do fato de que a Solução Final, em si, provou-se quase tão criativa quanto a imaginação artística jamais foi. Os documentos históricos mostram que os próprios criadores do Holocausto, isto é, os nazistas, precisaram de tempo e grandes esforços antes de perceber exatamente o que estava sendo criado na arquitetura da aniquilação dos judeus. A "arte" da destruição ganha aqui inigualável força, e não raro as tentativas artísticas posteriores de estetizar essa destruição provaram-se medíocres, quando comparadas à obra "original", ou simplesmente ofensivas à memória de quem padeceu daqueles horrores.

O fato é que o acontecimento do Holocausto é tão incomensurável que escapa ao próprio pensamento e à capacidade de tradução por meio de palavras, tornando a literatura, neste caso, um formidável desafio. Ainda assim, e exatamente em razão desse desafio, embutido nesse dilema, pode-se considerar que somente a arte, com seu apelo à imaginação, é capaz de chegar perto do que aconteceu. Como diz o professor de literatura americano Hans Kellner, ironizando o ditado adorniano segundo o qual não é possível escrever poesia depois de Auschwitz, só a poesia é possível depois de Auschwitz, já que a História, que pretende apresentar uma interpretação "realista" do que aconteceu, esta sim, é impossível.[3]

A ESCRITA DA HISTÓRIA DO HOLOCAUSTO

Ainda assim, o Holocausto, por mais monstruoso que tenha sido, ou exatamente por esse motivo, não pode ser retirado da História. E isso significa muitas vezes enfrentar temas constrangedores, espinhosos e difíceis, como, por exemplo, a questão da responsabilidade sobre a aniquilação dos judeus europeus.

Décadas depois do Holocausto, tanto os contemporâneos daquele evento como as gerações seguintes, especialmente na Alemanha, parecem perceber que a questão da responsabilidade foi esquecida ou atenuada, senão obscurecida. E isso aconteceu

131

HOLOCAUSTO E MEMÓRIA

não somente por incentivo dos que querem esquecer, mas também daqueles que pretendem lembrar. A ironia não pode ser evitada: a mesma especialização histórica da qual grande parte da memória e do futuro do conhecimento sobre o Holocausto dependerá de forma total pode, a despeito de e contra si mesma, não exatamente apagar a história, mas diluir suas marcas distintivas, aliviando consciências. Criou-se um processo de acomodação das narrativas do Holocausto ao padrão de responsabilização integral dos nazistas, e apenas deles.

A trajetória da publicação do livro *A destruição dos judeus europeus*, obra pioneira dos estudos sobre o Holocausto, ilustra bem esse processo. Primeiro trabalho a detalhar minuciosamente o processo de extermínio dos judeus, o livro do historiador judeu americano de origem austríaca Raul Hilberg foi rejeitado por cinco editoras antes de encontrar alguém disposto a publicá-lo – uma minúscula editora de Chicago, em 1961. O orientador acadêmico de Hilberg, o historiador Franz Neumann, autor do fundamental *Behemot*, obra de 1942 que detalha o funcionamento do criminoso Estado nazista, desestimulou Hilberg. Para Neumann, ninguém, nos anos 1950, estava interessado no Holocausto – e, principalmente, ninguém nos Estados Unidos pretendia melindrar os alemães, que poderiam se sentir tentados a alinhar-se à União Soviética, o que seria desastroso na Guerra Fria então em curso. Assim, não era o momento de atribuir responsabilidades sobre o Holocausto – e, ademais, o julgamento de Nuremberg, em que alguns dos comandantes nazistas foram sentenciados por seus crimes, já havia cumprido sua função de dar nome e sobrenome aos culpados diretos pelas atrocidades da Segunda Guerra, deixando de lado aspectos constrangedores, como a participação da sociedade alemã e europeia, por ação ou omissão, no genocídio. No grande jogo político do pós-guerra e do rearranjo de forças na Europa, era preciso ir adiante e deixar o passado no passado, razão pela qual uma pesquisa

132

história que mostrasse como o Holocausto foi um empreendimento europeu, e não apenas alemão, era de todo indesejável.

Era também de todo indesejável uma pesquisa histórica que indicasse que o genocídio dos judeus europeus não teria sido possível sem a cooperação das próprias lideranças judaicas com os nazistas, que facilitou o controle sobre as populações judaicas dos países ocupados e as deportações em massa para aos campos de concentração e extermínio. A narrativa histórica de Hilberg atinge aqui um ponto nevrálgico da memória do Holocausto. Ao se recusar a publicar o livro de Hilberg, o Yad Vashem, entidade de Israel responsável por preservar a memória do Holocausto, informou ao autor, numa carta de 24 de agosto de 1958, que "os historiadores judeus aqui fazem reservas relativas às suas conclusões, tanto a respeito das comparações com períodos pregressos, como em respeito a seu julgamento sobre a resistência judaica (ativa e passiva) durante a ocupação nazista". Para Hilberg, eles eram incapazes de aceitar suas conclusões: a de que havia uma linhagem antissemita que desembocou no genocídio, e a de que judeus colaboraram com os nazistas para sua própria destruição.

Assim que o Holocausto foi reconstituído como memória institucional judaica, ao menos em Israel, os judeus só podem ser ou vítimas ou heróis, ou os dois. De acordo com o argumento vocalizado pelo Yad Vashem – o memorial oficial de Israel para o Holocausto –, atribuir aos judeus qualquer papel, sobretudo moral, em sua própria destruição não é apenas repugnante, é historicamente impossível.

* * *

Longe de marcar uma ruptura histórica, o Holocausto é aberto a análises. Ou seja, deve ser colocado no campo da História que aborda os antecedentes e os eventos posteriores. O Holocausto é parte de uma história, que também pode ser lida por seu aspecto

HOLOCAUSTO E MEMÓRIA

moral, ou, mais apropriadamente talvez, como parte de uma "história do mal". Nessa "história do mal", não há lugar para a redenção. A intensidade adicionada pelo Holocausto em si serve mais como evidência de uma continuidade do que de ruptura.

Costuma-se apresentar o Holocausto como consequência trágica do advento da modernidade. É uma explicação confortável: a ideia de homem-massa, sem a qual não haveria nem o nazismo nem a desumanização dos judeus para fins genocidas, é essencial na modernidade. Tudo se reduz a consumo em massa e cultura de massa, diluindo diferenças e fronteiras. Os laços de solidariedade se esgarçam, e o indivíduo não é senão a peça de uma grande engrenagem. Está desenhado o Holocausto, resultado da perda do valor da vida.

No entanto, por mais convincente que nos pareça tal concepção, essa ideia de ruptura moderna que teria engendrado o Holocausto ignora a possibilidade, por exemplo, de que o Holocausto represente justamente uma reação ao projeto moderno, e não há dúvida de que parte considerável da retórica nazista, no seu nível manifesto, era dirigida diretamente contra os princípios iluministas de igualdade e liberdade, que estão na essência da transição rumo à chamada modernidade. Assim, associar o Holocausto à modernidade, como faz grande parte da historiografia sobre o tema, implica o risco de cair na falácia lógica *post hoc, ergo propter hoc* – depois disso, então por causa disso.

Não são poucos nem corriqueiros, portanto, os desafios epistemológicos para os historiadores que se dedicam a escrever a História do Holocausto. Passadas tantas décadas do Holocausto, ainda não há nem mesmo um termo adequado para designar as pessoas que estavam presas nos campos nazistas e que, aos milhões, foram mortas. Para os nazistas, essas pessoas eram *Stücke*, ou *Figuren* – peças, ou figuras –, termos geralmente associados a coisas, e não a pessoas. Em outros momentos, eram chamados de *Häftlinge* – prisioneiros. Quando os campos foram

134

liberados, a partir do final de 1944, as manchetes dos jornais falavam em "escravos" que ainda estavam vivos. O primeiro par de termos, *Stücke* e *Figuren*, é apenas um indicativo do modo como os nazistas evitavam a realidade do que estavam fazendo. O terceiro e o quarto termos, "prisioneiros" e "escravos", são, em resumo, simplesmente falsos: "prisioneiros" implica a existência de um sistema penal, com procedimentos como julgamento e punição, dentro de uma prisão cujo objetivo é manter o preso lá, e não simplesmente matá-lo; "escravos" implica que havia um trabalho para essas pessoas, e que esse trabalho fosse a condição para a sua existência. Mas as pessoas nos campos não eram nada disso. A prisão não tinha como objetivo mantê-los presos, e eles não tinham mais direitos do que fora da prisão; e eles não eram escravos porque deles não se esperava que trabalhassem, e sim que morressem. As pessoas nos campos se chamavam a si mesmas de *Ka-Tzetnik*, das iniciais KZ, de *Konzentrationslager* (campo de concentração), o que seria mais preciso. Mas nem isso dá o contexto moral ou histórico do que elas enfrentaram.

Assim, a busca por um termo adequado, para começar, nos força a olhar a história a partir do presente, e não apenas como observadores do passado. A inadequação da linguagem em relação a este e outros termos concernentes ao Holocausto (e isso diz respeito ao próprio termo Holocausto, como vimos) poderia indicar um argumento a favor da visão segundo a qual o Holocausto é uma ruptura na história, um evento que estaria acima das possibilidades da linguagem. Mas também, como parece ser o caso, pode-se olhar o Holocausto como parte de uma história cuja compreensão ainda nos escapa.

NOTAS

[1] Harold Bloom (ed.), *Bloom's Modern Critical Interpretations: Anne Frank's* The Diary of Anne Frank, Nova York, Infobase Publishing, 2010, p. 1.
[2] Ruth Franklin, "Art Spiegelman's Genre Defying Holocaust Work, Revisited", *New Republic*, 5 out. 2011.
[3] Hans Kellner, *History and Theory*, v. 33, n. 2, maio de 1994, p. 144.

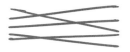

As memórias roubadas

É preciso distinguir lembrança de memória. Lembrança é circunscrita ao indivíduo; memória tem dimensão política – a narrativa que as gerações presentes pretendem legar às futuras, como as passadas legaram às presentes. Como já vimos na primeira parte deste livro, o silêncio e a omissão são uma forma de manipulação de memória. Memória e representação são apenas um simulacro do passado, submetido a todo tipo de filtro presente.

Assim, há uma linha tênue entre memória e ficção. Não significa necessariamente mentira ou falsificação, mas a natural inexatidão da memória contém armadilhas, fazendo com que sejamos obrigados a interpretá-la não exatamente por seu valor de face. Como diz o filósofo francês Paul Ricœr, "se a memória é um quadro imaginado, como não confundi-la com a fantasia, com a ficção ou com a alucinação?".[1] É preciso, então, estabelecer uma relação de confiança na fonte da memória, e isso só se dá pela autoridade de quem a guarda. Quanto mais proximidade dos fatos narrados disser ter tido, maior autoridade terá essa fonte.

Há o caso de Paul Parks, que desde 1978 contava ter estado no primeiro tanque americano que entrou em Dachau no dia da libertação daquele campo de concentração, em 29 de abril de 1945. A história desse militar americano, de Boston, chegou a ser relatada pelo próprio no filme *The Last Days* (1998), realizado sob a produção executiva de Steven Spielberg e sua Fundação Shoah (dedicada a preservar depoimentos de sobreviventes do Holocausto), e que ganhou o Oscar de melhor documentário de 1999. Negro, Parks obteve notoriedade e holofotes, servindo como uma espécie de elo entre o movimento negro americano de direitos humanos e os grupos judaicos interessados em preservar a memória do Holocausto. Há dúvidas, porém, sobre a veracidade do relato de Parks, pois, supostamente, na ocasião da libertação de Dachau, ele estaria numa base americana na Inglaterra. Mas a narrativa serviu para fornecer uma reconfortante história de uma minoria que ajudou a resgatar outra, e mesmo diante da controvérsia, o depoimento de Parks continua disponível na base da Fundação Shoah.

Assim, é o caso de perguntar: tem algum valor a "memória" do Holocausto produzida por quem não viveu aquela experiência? Num primeiro momento, é muito difícil responder que sim. Afinal, essa "memória" não passa de mentira, e mentiras deliberadas nada têm a ver com a história, especialmente uma história como a do Holocausto, frequentemente colocada em dúvida por negacionistas à espreita para flagrar falhas e contradições nos depoimentos dos sobreviventes e assim desmerecê-los como fontes confiáveis. Mas a "memória" inventada sobre o Holocausto – e ela existe, como veremos – muitas vezes tem sobre o público que a consome um impacto muito maior, em razão de seu valor literário, do que a História propriamente dita, com suas incoerências, contradições e complexidade moral. Ao fim

138

AS MEMÓRIAS ROUBADAS

e ao cabo, há quem sustente que, mesmo falsa, essa "memória" ajuda a preservar o interesse sobre o Holocausto e também – por que não? – pode ser considerada uma forma legítima de arte. É controvertido, para dizer o mínimo.

Há dois exemplos já clássicos no ramo da invenção da memória do Holocausto, o do espanhol Enric Marco e o do letão Binjamin Wilkomirski, ambos com enorme impacto, por razões diferentes – artísticas e políticas. Comecemos pelo curioso e constrangedor caso de Enric Marco.

Durante 27 anos, Enric Marco, nascido em 1921, se fez passar por um ex-prisioneiro do campo de concentração de Flossenbürg, na Alemanha. Ao longo desse período, concedeu inúmeras entrevistas e fez palestras por toda a Espanha para relatar sua "experiência". Chegou a presidir por um bom tempo a Amical Mauthausen, associação de cerca de 650 espanhóis que haviam sido deportados para os campos nazistas.

Em 27 de janeiro de 2005, às vésperas de ser desmascarado, discursou no Parlamento espanhol durante homenagem oficial aos 9 mil republicanos espanhóis deportados para os campos – os relatos da época dão conta de que houve deputados que foram às lágrimas com as palavras de Enric Marco. Três meses mais tarde, ele seria a atração principal de uma cerimônia semelhante no campo de Mauthausen, na Áustria, à qual compareceria ninguém menos que José Luis Rodríguez Zapatero, o então primeiro-ministro espanhol, para marcar os 60 anos do fim da guerra.

A ninguém ocorreu questionar se Enric Marco era realmente quem dizia ser. Ele dispunha da autoridade conferida aos sobreviventes do nazismo, cujo testemunho jamais pode ser colocado em dúvida. Mas Enric Marco era um mentiroso, que inventara para si um personagem épico, talvez para compensar uma vida que considerava comum demais para suas pretensões. E que personagem melhor, nesse sentido, do que alguém que tinha sobrevivido à mais terrível das provações do século xx,

139

o confinamento em campos de concentração nazistas? Sete mil espanhóis morreram nesses campos durante a Segunda Guerra.

Tudo desabou para Enric Marco em 12 de maio de 2005, quando o historiador Benito Bermejo divulgou o resultado de sua pesquisa nos arquivos do campo de Flossenbürg e Mauthausen para verificar se ali havia o nome de Marco – e nada encontrou. Ele e seus companheiros da Amical Mauthausen já estavam na Áustria, prontos para a cerimônia em Mauthausen com o premiê Zapatero, quando a bomba explodiu. A Amical pediu que seu presidente voltasse para a Espanha, e o discurso que Enric Marco faria foi proferido por outro ex-prisioneiro.

Vinte e sete anos de uma mentira constrangedora, que envolveu todo um país, se desfizeram numa única e singela consulta a arquivos. Com alguma ironia, o escritor Mario Vargas Llosa, ao comentar o caso de Marco em artigo para o jornal *El País*, disse que o historiador Benito Bermejo demonstrara "espírito retilíneo e implacável na busca pela verdade" – em outras palavras, era um estraga-prazeres.[2]

Mais tarde, confrontado pelos seus companheiros da Amical Mauthausen, Enric Marco confessou que havia mentido todo aquele tempo. E foi uma mentira com muitos requintes: Marco chegou a publicar dois livros em que descreveu em detalhes as crueldades e humilhações que jamais sofreu nos campos nazistas em que nunca esteve. Nas décadas em que durou a farsa, proferiu palestras para estudantes contando-lhes sobre os crimes nazistas, dos quais ele disse ter sido vítima. Foi condecorado e premiado por entidades oficiais da Catalunha e de outras partes da Espanha.

É possível imaginar os esforços despendidos por Enric Marco para sustentar suas mentiras por tantos e tantos anos. Nem mesmo sua família – mulher e filhas – suspeitou da farsa até o momento em que ele foi desmascarado. Mesmo quem tinha totais condições de desmascará-lo, isto é, os verdadeiros sobreviventes, aqueles que tinham estado nos lugares em que Enric Marco nunca esteve, não o fizeram; ao contrário, transformaram-no em porta-voz. Como escreveu Vargas Llosa no já citado artigo a respeito de Enric Marco, "é preciso ser um gênio, um fabulador excepcional", para "perpetrar uma fábula desse calibre".

Enric Marco inventou quase tudo – pois mesmo a mais remata-da mentira precisa ter algum fundo de verdade para se susten-tar, ainda mais por tantos anos. Segundo a biografia fraudulenta que produziu, Enric Marco foi um dos republicanos espanhóis exilados depois da Guerra Civil (1936-1939). Esteve na França e lá se juntou à Resistência assim que começou a ocupação nazista, em 1940. Foi então capturado pela Gestapo, a polícia política nazista, que o enviou ao campo de Flossenbürg, de onde só saiu quando os americanos vieram libertar o local, em 1945. Incansável, juntou-se então à luta contra a ditadura de Francisco Franco (1939-1975).

Depois de desmascarado, Enric Marco contou aquilo que se presume seja sua "verdadeira" história, embora, em se tratando de um charlatão tão formidável, jamais saberemos de fato. Ele disse ter deixado a Espanha em 1941 para trabalhar como um dos milhares de voluntários espanhóis em fábricas da Alemanha nazista, como parte de um acordo entre os ditadores Franco e Hitler. Por falar demais, foi preso pela Gestapo, mas não foi le-vado a nenhum campo, permanecendo nas instalações da polí-cia política, de onde só saiu em 1943.

Em diversas entrevistas posteriores, Enric Marco disse que se fez passar por um sobrevivente dos campos nazistas para ser mais "convincente" em sua campanha contra o totalitarismo, que seria seu verdadeiro e único objetivo. Afirmou ter se dado conta de que as pessoas "prestavam mais atenção" ao que di-zia quando se apresentava como sobrevivente e garante que não mentiu por maldade. Numa entrevista à Radio SER, de Barcelona, em novembro de 2014, disse, referindo-se a si mesmo em ter-ceira pessoa, que "Enric Marco fez coisas necessárias, porque a história é muito árida de explicar" e que "essa credibilidade me permitia introduzir a verdade".

Marco mentiu até mesmo sobre sua data de nascimento. Dizia ter nascido em 14 de abril de 1921, mas foi no dia 12, conforme a documentação oficial. Tudo para poder dizer, em suas palestras, que nasceu "exatos dez anos antes da proclamação da Segunda República espanhola" – isto é, que era "um predestinado que vivera diretamente os grandes acontecimentos do século", como escreveu o espanhol Javier Cercas, autor de *O impostor*, que conta a história de Enric Marco.[3] Para Cercas, "sua biografia pessoal era um reflexo da biografia coletiva da Espanha" – uma mentira grandiloquente contada com as melhores intenções.

O caso de Enric Marco levanta questões pertinentes quando se trata da construção da memória do Holocausto, especialmente a que confronta o testemunho do sobrevivente ao trabalho do historiador. Afinal, a derrota de Enric Marco no duelo contra um historiador pode levar à conclusão de que, afinal, a História, com sua metodologia e fidelidade aos documentos, é mais qualificada para discutir o passado do que o emotivo e falho testemunho dos sobreviventes. Mas talvez nada substitua a força da arte, mesmo uma arte fraudulenta, como a de Enric Marco, para nos transportar para o local da tragédia, conforme argumentou, não sem alguma polêmica, o romancista Mario Vargas Llosa, em já citado texto no *El País*:

> Mesmo ante minha repugnância pelo personagem, confesso minha admiração de novelista pela sua prodigiosa destreza fabuladora e seu poder de persuasão, à altura dos grandes fantasistas da história da literatura. Estes forjaram e escreveram a história de *Dom Quixote*, de *Moby Dick* e dos *Irmãos Karamazov*. Enric Marco viveu e fez centenas de milhares de pessoas viverem a terrível ficção que inventou. Ela teria se incorporado à vida, passado de mentira a verdade, integrada à História com maiúsculas se o historiador Benito

Bermejo, esse estraga-prazeres, esse maníaco da exatidão, esse insensível às formosas mentiras que nos fazem levar a vida, não tivesse começado a puxar os arquivos do Terceiro Reich em busca de precisões e dados objetivos até desbaratar e pôr fim ao espetáculo que, no cenário da própria vida, vinha representando havia 30 anos, com formidável êxito, o ilusionista Enric Marco.

* * *

Do ponto de vista artístico, contudo, poucas obras tiveram mais impacto na discussão sobre a literatura do Holocausto do que as "memórias" de Binjamin Wilkomirski.

No livro *Fragmentos*, publicado na Suíça e na Alemanha em 1995 e em seguida traduzido para 12 idiomas (foi publicado no Brasil em 1998), Wilkomirski conta a história de sua infância, por meio de "estilhaços de lembranças", como ele qualifica. Da obra emerge a fortíssima experiência de um menino judeu de 4 ou 5 anos que viu o pai indefeso ser esmagado contra um muro por um caminhão da milícia da Letônia durante um massacre de judeus na capital, Riga; que teve que se esconder com os irmãos numa fazenda polonesa para não ser capturado pelos nazistas; que conseguiu por um golpe de sorte não ser deportado com esses irmãos, mas acabou sendo levado para o campo de extermínio de Majdanek, onde, entre ratos, cadáveres e bebês comendo os próprios dedos congelados para não morrerem de fome, testemunhou e sofreu uma série de horrores, descrito em detalhes pavorosos no livro. Depois, foi mandado para Auschwitz, de onde, após a libertação do campo, em 1945, acabou enviado para um orfanato em Cracóvia, na Polônia, onde uma mulher o chamou de Binjamin Wilkomirski. Em seguida, foi parar em outro orfanato, na Suíça. Ali, fica claro que o menino não conhece outra vida que não seja aquela dos campos nazistas, e isso confere ainda mais dramaticidade ao livro.

Impressiona, no caso de *Fragmentos*, a facilidade com que o mundo acreditou nessa narrativa, a começar pelo fato de que todas as crianças enviadas aos campos de extermínio, como Majdanek e Auschwitz, eram mortas assim que chegavam. Binjamin Wilkomirski milagrosamente foi poupado em ambos. Mas a construção do personagem foi completa e convincente.

Segundo Wilkomirski, a ideia de escrever o livro surgiu de seus pesadelos, que o assaltavam à noite e, ao longo dos anos, foram se tornando mais frequentes e mais reais – e sempre os mesmos. Seguindo os conselhos de um amigo, começou a fazer sessões de terapia psicanalítica, e as memórias de sua experiência nos campos nazistas emergiram de vez. Essas memórias foram sendo registradas por Wilkomirski, que as enviava a um amigo, Elitsur Bernstein. Eram os "fragmentos" de que fala o título do livro, que comoveu o mundo, ganhando vários prêmios importantes, como o National Jewish Book Award, nos Estados Unidos, o Jewish Quarterly Literary Prize, no Reino Unido, e o Prix de la Memoire de la Shoah, na França. Além disso, sua narrativa foi endossada pelo Museu do Holocausto em Washington, pelo Yad Vashem (Memorial do Holocausto de Israel) e pela Fundação Shoah. O livro entrou para a bibliografia básica de diversos cursos universitários na Europa e nos Estados Unidos, e ele deu palestras ao redor do mundo – Wilkomirski se apresentava sempre como alguém alquebrado e profundamente triste. Alguém lia suas memórias por ele, acompanhado de clarinete com melodias judaicas.

Em 1996, ele e o amigo Elitsur Bernstein criaram uma terapia para "recuperar memórias perdidas" e, assim, ajudar as pessoas que, como ele, haviam perdido sua identidade. Os resultados desse trabalho chegaram a ser apresentados no Congresso Mundial de Psicoterapia, em Viena, em junho daquele ano.

Em outubro de 1999, contudo, uma investigação jornalística, levada a cabo pelo repórter suíço Daniel Ganzfried, ele mesmo filho de sobreviventes do Holocausto, havia concluído que tudo era uma fraude. Binjamin Wilkomirski não era judeu, não tinha nascido na Letônia e não esteve em nenhum momento em campos nazistas – "a não ser como turista", como disse, sarcasticamente, o repórter Ganzfried.[4] Por meio de investigação própria, os editores e agentes de Wilkomirski confirmaram a chocante informação trazida à luz pelo jornalista suíço.

Binjamin Wilkomirski é, na verdade, Bruno Dössekker, um músico clarinetista que vivia na Suíça. Nascido em 1941, três anos depois do personagem que inventou, era filho de uma mulher protestante solteira e pobre chamada Yvonne Berthe Grosjean. Sem ter condições de cuidar do filho, então chamado de Bruno Grosjean, Yvonne o entregou para adoção, e o menino passou por alguns orfanatos – e lá ficou em segurança durante a guerra. Em 1945, passou a viver com um casal de protestantes, Kurt e Martha Dössekker, que o adotou. Teve uma vida confortável, estudou Medicina, Música e História. Jamais passou pelos pesadelos que relatou no livro, em nenhuma circunstância.

Mesmo depois que a história foi desmontada, as editoras do livro resistiram. Arthur Samuelson, da Schocken Books, nos EUA, chegou a dizer que não havia nenhum problema no fato de o relato de Wilkomirski ser uma ficção, pois o livro é "muito bom". Segundo o raciocínio do editor, é o leitor quem falsifica a história ao considerá-la um relato factual. Para Samuelson, "só é fraude se você chama o livro de 'não ficção'. Vou reeditá-lo como ficção".[5] Isso não aconteceu, mas o argumento é interessante.

Há o que se pode chamar de fascínio pelo trauma. Esse fascínio é tão grande que até quem não o sofreu quer ser visto como vítima – daí a transmissão do trauma para as gerações seguintes. "A guarda do Holocausto foi passada para nós. A segunda geração é a geração em que o conhecimento recebido sobre os eventos é transmutado em história, ou em mito. É também a geração na qual nós levantamos certas questões sobre o Holocausto com um sentido de conexão viva", argumentou a escritora polonesa Eva Hoffman, filha de sobreviventes.[6] Como nos relacionarmos com aquilo que Susan Sontag, em ensaio de 2003, chamou de "a dor dos outros"[7]? Como contar essas histórias sem nos apropriarmos delas como se nós fôssemos as vítimas, misturando nossas histórias (e frustrações e traumas) com as histórias deles? "Os eventos formativos do século xx", escreveu Eva Hoffman, "constituíram de maneira crucial nossa própria biografia, ameaçando às vezes superar nossas próprias vidas."[8]

No caso dos filhos e netos de sobreviventes, suas memórias podem ser uma tentativa de representar os efeitos de conviver com pessoas que sofreram os mais indizíveis traumas e, de alguma forma, de buscar repará-los. A própria existência da criança, filho ou neto de sobreviventes, seria uma forma de compensação pelo trauma, o que constitui imensa responsabilidade para essa geração seguinte. É como se a memória de uma geração "sangrasse" para a seguinte, como sugere Art Spiegelman no já citado livro *Maus*, cujo subtítulo é "Meu pai sangra história e aqui começam meus problemas" (*My father bleeds history and here my troubles began*).

A esse propósito, em texto para a revista literária *Granta* sobre o assunto, a escritora Elena Lappin, editora da revista *Jewish Quarterly*, diz que é possível que Dössekker tenha inventado seu personagem Binjamin Wilkomirski para conseguir falar de seu trauma de ter sido abandonado pela mãe num orfanato, usando o Holocausto como alegoria de seu próprio sofrimento.[9] Lappin entrevistou Dössekker depois que a fraude foi desmontada. Era um homem alquebrado: "Sinto-me de volta aos campos de concentração".

No posfácio de *Fragmentos*, Wilkomirski/Dössekker escreve: "A verdade juridicamente atestada é uma coisa; a verdade de uma vida é outra". Eis aí o problema dos testemunhos: não são a verdade no sentido legal, mas a verdade no sentido subjetivo, incompleto, fragmentário – e por essa razão se permite inclusive a ficção, como no caso de Dössekker, que se julgou livre para inventar suas próprias memórias. Na década de 1980, conforme o que se sabe de sua biografia, ele devorou tudo o que pôde sobre o Holocausto, seja a história do genocídio, sejam os testemunhos, e assumiu progressivamente uma identidade judaica, afirmando ter sido um menino polonês, ou letão, que perdera a família na guerra.

Essa ficção será menos aceita porque é falsa? Mas Dössekker, que se tornou "judeu" em sua solidão, certamente alimentou-se das memórias dos sobreviventes e, de certa forma, parece tê-las incorporado à sua própria história pessoal. A ficção, no caso do Holocausto, não tem validade? O próprio Dössekker, com uma ponta de amargura irônica, tenta responder: "Sempre foi uma livre escolha do leitor ler meu livro como literatura ou como testemunho pessoal".[10]

NOTAS

[1] Paul Ricoeur, "L'écriture de l'historie et la représentation du passé", *Annales*, ano 55, n. 4, jul-ago 2000, p. 733.

[2] Mario Vargas Llosa, "Espantoso y genial", *El País*, 15 maio 2005.

[3] Javier Cercas, *O impostor*, São Paulo, Biblioteca Azul, 2015, p. 25.

[4] S. Lillian Kremer (ed.), *Holocaust Literature: Lerner to Zychlinsky*, Nova York, Routledge, 2003, p. 1.331.

[5] Steven T. Katz e Alan Rosen, *Obliged by Memory: Literature, Religion, Ethics*, Syracuse, Syracuse University Press, 2006, p. 34.

[6] Eva Hoffman, op. cit., p. xv.

[7] Susan Sontag, *Diante da dor dos outros*, São Paulo, Companhia das Letras, 2003.

[8] Eva Hoffman, op. cit., p. 25.

[9] Elena Lappin, "The Man with Two Heads", *Granta*, 66, verão 1999.

[10] S. Lillian Kremer (ed.), op. cit., p. 1.333.

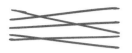

O Holocausto
no cinema

Como é possível criar filmes sobre o Holocausto se, como vimos até agora, mesmo os que lá estiveram e dele padeceram não o compreendem? "O paradoxo é que nós não conseguimos contar a história e, apesar disso, ela deve ser contada", responde o sobrevivente Elie Wiesel.[1] Eis aí o que poderia ser uma licença para filmar o Holocausto, mas então o próprio Wiesel pondera:

> O que é o indizível? A imagem, talvez? A imagem pode ser mais acessível, mais maleável, mais expressiva do que a palavra? Posso admitir isso? Eu sou tão cauteloso com a palavra como sou com a imagem. Mais ainda em relação à imagem – a imagem filmada, é claro. Não se pode imaginar o inimaginável. E, em particular, não se pode mostrá-lo na tela do cinema.[2]

Considerando-se, antes de mais nada, que a "Solução Final", isto é, a operação para a aniquilação total dos judeus europeus, foi desenhada para ser executada longe da vista de todos, mesmo dos nazistas que dela participaram, representá-la na forma de filmes é um desafio e tanto – e, para alguns, como enfatizam Elie Wiesel e tantos outros críticos, uma impropriedade.

E, no entanto, o Holocausto não apenas foi filmado como se tornou, ele próprio, um gênero cinematográfico de estrondoso sucesso de público – mas, como veremos, raramente de crítica. Esse gênero tem quatro categorias de filmes: os rodados antes de 1945, que lidavam com o antissemitismo nazista, que faz parte do Holocausto; os filmados pouco depois do final da guerra, como o clássico *Noite e neblina* (1954), que expõe a verdade crua do extermínio; os dramas de Hollywood, iniciados por *O Diário de Anne Frank* (1959), *Exodus* (1960) e *O Julgamento de Nuremberg* (1961), que usam técnicas cinematográficas populares e astros como Paul Newman e Spencer Tracy, além de elementos que criam uma carga dramática para a narrativa histórica; os dramas e documentários para TV – a série *Holocausto* (1978) é o marco zero desse segmento; e há a categoria, majoritariamente europeia, de filmes pós-realistas, com uma estética que seria adotada posteriormente por Hollywood. São filmes que têm o Holocausto como pano de fundo, mas com tramas dramáticas tão ou até mais relevantes para o roteiro do que o próprio genocídio. Um dos filmes americanos mais representativos dessa geração é *A escolha de Sofia* (1982), em que os dilemas pessoais da protagonista estão relacionados a seu dramático passado num campo de concentração.

O julgamento do ex-oficial nazista Adolf Eichmann em Jerusalém, entre 1961 e 1962, no qual testemunhos se sucederam e foram transmitidos pela TV, fizeram o mundo cinematográfico descobrir o potencial desse testemunho. Era também importante registrá-lo e investir na TV como forma de contrapor a ofensiva negacionista. Não à toa, em 1978, o então presidente americano Jimmy Carter mandou criar um memorial, que viria a ser o Museu do Holocausto em Washington, e constituir uma comissão presidencial sobre o Holocausto, para municiar o governo com dados a esse respeito (e a respeito, é claro, do negacionismo e do antissemitismo). A ideia era fazer do Holocausto um tema educacional permanente. Essa iniciativa também influenciou o cinema e, dessa forma, mudou o modo como vemos o Holocausto. Não parece ser mera coincidência que a série de TV *Holocausto*, com toda a sua carga didática a respeito de um tema sobre o qual era tão difícil falar, tenha sido levada ao ar naquele ano.

O Holocausto no cinema, especialmente em Hollywood, que é sinônimo de diversão popular, levanta uma série de questões. É possível fazer entretenimento usando como tema o mais devastador evento do século XX? Como a narrativa ficcional cinematográfica distorce a acurácia histórica?

Como em tudo o que diz respeito ao Holocausto, para cada pergunta há inúmeras respostas. De saída, há quem considere que retratar o Holocausto como arte ou filme é simplesmente obsceno; há também os que consideram que, de fato, trivializar o Holocausto por meio de arte popular é um problema, mas retirar o Holocausto do discurso da cultura ocidental, particularmente forte no cinema, seria um problema muito maior; questiona-se ainda se o Holocausto deve ser retratado da maneira mais crua possível, ou se é válido lançar mão de metáforas e fantasia; há também os que consideram que o Holocausto demanda um novo estilo de cinema, pois o existente não dá conta dos desafios morais, éticos e estéticos envolvidos nesse evento; e, finalmente, há ainda quem considere que ficcionalizar o Holocausto no cinema pode alimentar a tese de que o genocídio dos judeus não passa mesmo de invenção, como dizem os negacionistas.

É inegável, contudo, que o sucesso comercial de produções cinematográficas sobre o Holocausto, especialmente o filme *A Lista* de *Schindler* (1993) e a série *Holocausto*, teve o condão de despertar em grandes audiências o interesse pelo assunto, levando-o também às salas de aula. O problema dos filmes sobre o Holocausto é justamente que o público, em geral pouco informado sobre o tema, pode acreditar que aquilo que vê na tela e que tanto o emociona foi o que efetivamente aconteceu – ignorando a profunda complexidade que envolve a história do genocídio dos judeus e que em raros momentos é abordada nesses *blockbusters*.

Para complicar, o cinema colaborou decisivamente para transformar o Holocausto no paradigma universal do sofrimento – e o nazismo, no paradigma do "mal absoluto". Esse reducionismo pode ser garantia de sucesso de bilheteria e reconfortar o espectador, oferecendo-lhe "uma forma saneada, esterilizada e, assim, em última análise, desmobilizante e consoladora" de interpretar o Holocausto, como escreveu o sociólogo Zygmunt Bauman,[3] mas retira o tema do campo da História e o lança no terreno da mitologia, em que, para finalidades morais, o mal e o bem são perfeitamente definidos – e também desobriga o espectador de refletir sobre qual seria a responsabilidade do mundo diante da barbárie.

* * *

Pode o Holocausto ser objeto de cultura pop? Pode o espectador, por exemplo, ser colocado dentro do campo de concentração nazista para testemunhar a tragédia, como um *voyeur*? Essa questão foi suscitada logo cedo, com o filme *Kapò* (1960), do diretor italiano Gillo Pontecorvo. Nesse filme, há uma cena em que uma prisioneira de campo de concentração chamada Terese, interpretada pela atriz francesa Emmanuelle Riva, comete suicídio jogando-se na cerca eletrificada. Por essa única cena, o filme, de resto melodramático e superficial, tornou-se uma referência na filmografia do Holocausto, suscitando décadas de acalorado debate sobre as questões éticas envolvidas. Tudo porque Pontecorvo filmou a cena com um *travelling* – recurso técnico em que a câmera acompanha o movimento da atriz em sua corrida na direção da cerca eletrificada, como se o espectador estivesse a seu lado, testemunhando sua tragédia. Ao final da cena, a câmera mostra as mãos da personagem na cerca, de baixo para cima, num enquadramento chamado de *"contra-plongée"*, acentuando a dramaticidade.

A questão sobre o *"travelling* de *Kapò"* surgiu graças ao artigo "Da abjeção", do crítico Jacques Rivette, publicado em 1961 na revista *Cahiers du Cinéma*. Como o próprio título sugere, o artigo é uma curta, porém devastadora, crítica ao filme, em especial ao recurso ao *travelling*. Para Rivette, aquele detalhe torna todo o filme nada menos que abjeto, responsabilizando Gillo Pontecorvo por um crime artístico e moral. "O homem que decide, nesse momento, fazer um *travelling*, para reenquadrar o cadáver em *contra-plongée* [de baixo para cima], tomando cuidado para inscrever exatamente a mão levantada num ângulo de seu enquadramento final, esse homem é merecedor do mais profundo desprezo", escreveu Rivette, que classificou Pontecorvo como "impostor" por pretender filmar a morte.[4]

Para o cineasta francês Jean-Luc Godard, que também entrou na querela sobre a moral dos enquadramentos cinematográficos – considerando o *travelling* de *Kapò* "imoral", porque "nos colocava lá onde não estávamos" –, o problema é mais abrangente: em se tratando do Holocausto, não importa se o filme é assinado por um cineasta respeitado como Luchino Visconti, ou por um diretor de filmes B como Émile Couzinet; a questão que surge quando se mostram cenas horríveis do Holocausto na tela, diz Godard, é que "a intenção do diretor automaticamente vai além de nossa compreensão, e ficamos chocados por essas imagens, quase da mesma maneira que ficamos chocados diante de imagens pornográficas".[5]

Tanto a "abjeção" de Rivette quanto a crítica de Godard à "pornografia concentracionária", malgrado o óbvio exagero, permanecem sendo questões pertinentes no que diz respeito ao gênero cinematográfico do Holocausto. E essas questões saltam aos olhos quando se assiste ao filme *Noite e neblina* (1955), documentário de Alain Resnais sobre os campos de concentração.

Usando basicamente imagens feitas pelas tropas que liberaram os campos de Majdanek e Auschwitz, mostrando em primeiro plano pilhas e pilhas de cadáveres, entre outros elementos igualmente chocantes, o filme faz um contraste com a placidez dos locais onde esses campos foram instalados. O texto que acompanha as imagens, do romancista Jean Cayrol – ele mesmo um sobrevivente de Mauthausen –, é muitas vezes sarcástico: fala da vegetação que continua a crescer no local onde tantos morreram e mostra como ninguém, nem os *kapos*, nem a SS, nem o resto do mundo, assume a responsabilidade por aquele crime. "Quem é o responsável?", pergunta-se no filme.

Festejado pelo cineasta francês François Truffaut como "o maior filme jamais feito", *Noite e neblina* expõe o Holocausto de maneira bruta e perturbadora, sem qualquer perspectiva romântica ou poética. O filme mostra explicitamente os corpos – eis seus personagens principais: montes de cadáveres e de mortos-vivos. Ali está o valor do humano que se perdeu – restaram apenas sapatos, cabelos e outras partes de seus corpos usados para fins diversos. Por sua crueza, *Noite e neblina* estaria acima de questionamentos éticos? Ao expor os corpos nus dos mortos, mesmo sem estetizá-los, como fez Pontecorvo em *Kapò*, o filme não estaria a atentar contra a memória dessa gente? Não seria uma forma de padronizar o sofrimento de cada um desses indivíduos? Em resumo, não seria uma rendição à estética do genocídio, que aniquila o indivíduo?

* * *

O Holocausto no cinema

Nenhuma dessas questões impediu que a indústria do cinema, especialmente nos Estados Unidos, construísse em torno do Holocausto uma filmografia marcada em grande medida pela banalização do genocídio dos judeus europeus. O marco zero desse processo foi sem dúvida a série televisiva *Holocausto*, levada ao ar nos Estados Unidos em 1978 e depois em vários outros países, inclusive na Alemanha, onde causou sensação.

Essa série contribuiu decisivamente para a disseminação de uma determinada imagem do Holocausto pelo mundo – prevalecendo, para todos os efeitos, a visão americana da tragédia, a começar pela consolidação do nome "Holocausto" para designar o genocídio dos judeus europeus. Também ajudou a firmar a ideia de que o Holocausto dizia respeito especificamente aos judeus – o que acabou por criar a percepção de que se trata de um evento da história judaica. Embora faça jus à grande maioria das vítimas da Solução Final (e só havia "Solução Final" para os judeus), essa percepção – útil, por exemplo, para sustentar a necessidade da existência de Israel, como veremos mais adiante – de certa forma pode ter justificado a persistente indiferença do mundo não judeu pela tragédia, como salientou Zygmunt Bauman.[6]

A história contada pela série *Holocausto* é a da família Weiss, de judeus alemães assimilados de classe média, depois da chegada dos nazistas ao poder na Alemanha. A ideia era mostrar judeus que se consideravam orgulhosos alemães, numa clara tentativa de identificá-los com a classe média dos Estados Unidos, cujos integrantes, de múltiplas religiões e origens nacionais, sempre se declararam orgulhosamente americanos.

Como contraponto, há um personagem alemão, Erik Dorf, um desempregado que vai se transformar no típico burocrata da máquina genocida nazista, oriundo das classes baixas esmagadas pela crise econômica do entreguerras. Dorf é alguém que diz que não tem ódio especial pelos judeus, mas isso não o impede

155

HOLOCAUSTO E MEMÓRIA

de participar zelosamente de um trabalho que resultará na eliminação física deles.

Assim, de um lado, temos uma família de judeus que são antes de tudo bons cidadãos alemães; de outro, temos uma família de nazistas que se guia pelo carreirismo e pela ambição, sem refletir sobre as consequências de seus atos – e são esses arrivistas que terão o poder de vida e morte sobre os judeus. Os papéis, do ponto de vista moral, estão claramente definidos, e esses traços serão mais e mais enfatizados à medida que a trama se desenrola e a perseguição à família Weiss se acentua. Não há dúvida de que lado está o mal – tudo isso enfatizado por personagens que entremeiam suas falas com discursos pedagógicos, para "explicar" aos telespectadores nos Estados Unidos e em grande parte do mundo o que foi o Holocausto, ao menos do ponto de vista americano.

A série *Holocausto* tenta explorar também a rotina de violência extrema e sem sentido nos campos, para onde alguns membros da família Weiss são enviados. O programa utiliza imagens de arquivo, reais, como forma de corroborar sua autenticidade narrativa, e esse, como vimos, é um aspecto essencial na produção cinematográfica sobre o Holocausto, uma vez que há enorme dificuldade – técnica e ética – em retratar o que quase sempre é indizível.

Todos esses cuidados, contudo, foram insuficientes para Elie Wiesel, o mais conhecido porta-voz dos sobreviventes do Holocausto. Em 16 de abril de 1979, no dia seguinte ao da estreia do programa na TV americana, Wiesel publicou um devastador artigo no jornal *The New York Times* intitulado "Banalizando o Holocausto", em que chamava a série de "falsa, ofensiva e ordinária" e dizia que se tratava de "um insulto àqueles que morreram e àqueles que sobreviveram", pois, a despeito de se chamar "Holocausto", o "docudrama não tem nada a ver com o que nos lembramos do Holocausto".[7]

156

O Holocausto no cinema

Seja como for, a série teve inegável impacto no mundo, especialmente na Alemanha – que passou então a discutir abertamente um tema que até aquele momento era apenas sussurrado. Pouco mais de dez anos antes da exibição de *Holocausto* na Alemanha, duas dezenas de ex-oficiais nazistas de média patente e *kapos* haviam sido afinal julgados no país, entre dezembro de 1963 e agosto de 1965, por seu papel em Auschwitz. Na ocasião alguns sobreviventes foram ouvidos no tribunal, mas nenhum deles foi entrevistado por jornalistas. As vítimas não tinham voz, apenas os carrascos. Nem todos os criminosos foram formalmente acusados: apenas 789 entre os cerca de 7.000 oficiais que haviam atuado em Auschwitz, a maioria dos quais presumivelmente vivos para responder por seus crimes. E eles foram julgados por assassinatos que haviam pessoalmente cometido, e não por participação no genocídio, como se o que aconteceu em Auschwitz e nos demais campos tivesse sido um crime sem autoria. Aqueles que diziam ter agido por cumprimento de "ordens" foram absolvidos. Apenas 22 foram efetivamente julgados, porque teriam cometido os crimes por iniciativa própria, e mesmo assim quatro foram absolvidos. Dos condenados, seis receberam pena de prisão perpétua, e os demais foram sentenciados a passar de 5 a 14 anos na prisão – muitos saíram da cadeia bem antes.

Estava óbvio que a Alemanha não conseguia enxergar a responsabilidade dos alemães comuns – dos burocratas e os oficiais de baixa patente, por exemplo – no Holocausto. Foi isso o que a série *Holocausto* ofereceu à audiência alemã, ao colocar um desempregado, Erik Dorf, como um dos personagens principais da máquina nazista de extermínio. A transmissão causou comoção na época, e houve até sabotagem de neonazistas contra a emissora que exibiu a série. Bem ou mal, a partir daquele momento, os alemães passaram a discutir abertamente os crimes do nazismo, o que influenciou decisivamente a historiografia alemã do Holocausto.

Mas a questão de fundo da formação da memória do Holocausto por meio do cinema permanece: mesmo uma obra simplista como a série *Holocausto* é válida se o objetivo é a preservação da memória? Ou obras desse tipo colaboram para a perpetuação de uma visão falsa, ou no mínimo distorcida, do que efetivamente houve? Como o cinema, em especial com sua característica de indústria do entretenimento, pode afinal lidar com um tema com essa carga histórica, moral e emocional? A seguir, veremos como cinco produções, consideradas, por diferentes razões, marcos na filmografia do Holocausto, enfrentaram esse problema.

Shoah (1985), de Claude Lanzmann

O Holocausto imaginado

Como vimos na primeira parte deste livro, o indivíduo que narra sua experiência no Holocausto não sabe mais quem é, só o sabe através do seu testemunho. Quando elabora o testemunho, resgata a pessoa, o indivíduo, o ser único que foi destruído pelo Holocausto. Não existe mais nenhum ser humano antes do Holocausto, somente depois, e somente pelo testemunho. É o resgate dos que morreram sem nenhum sentido, reduzidos a números num processo de morte indiferente.

Esse resgate está na essência do documentário *Shoah*, que o cineasta francês Claude Lanzmann levou mais de 11 anos para fazer. São pouco mais de 9 horas de duração, ao longo das quais ouvem-se apenas testemunhos. Trata-se do mais intransigente trabalho cinematográfico sobre o Holocausto: a câmera de Lanzmann não dá nenhuma brecha para que a imagem trivializada do genocídio dos judeus europeus se sobreponha ao testemunho, seja dos sobreviventes, seja dos algozes, seja dos que apenas observaram. Não há nazistas uniformizados, não

O Holocausto no cinema

há cadáveres ou judeus emaciados, não há violência, nada que possa entreter o espectador e alimentar seu fascínio pela morte. Tampouco há movimentos de câmera destinados a estetizar emoções e colocar o espectador dentro dos acontecimentos – embora o diretor tenha se permitido um *travelling* no trem que vai ao local onde antes funcionava o campo de extermínio de Treblinka. Lanzmann recusa-se a fazer o que o cinema faz de melhor: fornecer a explicação fácil para algo que nem mesmo quem testemunhou consegue entender. O documentário fornece apenas palavras de quem viu o Holocausto de perto, acompanhadas muitas vezes das paisagens de onde um dia funcionou a máquina de extermínio nazista, cuja visão plácida e indiferente não condiz com o horror narrado. Não à toa, um dos títulos que ele imaginou para o documentário era *O lugar e a fala*.

Shoah é uma rejeição explícita do excesso de imagens da cultura contemporânea, que pretende a tudo traduzir e compreender. "Há de fato uma obscenidade absoluta no intento de compreender. Não compreender foi minha regra inamovível ao longo de todos os anos da realização de *Shoah*: agarrei-me a essa recusa como sendo a única atitude possível, ao mesmo tempo ética e prática", explicou Lanzmann.[8] Tudo no documentário se destina a fornecer a maior quantidade possível de detalhes sobre o genocídio, enquadrando-os numa rotina cotidiana de morte e destruição. Em várias passagens do filme, Lanzmann, como entrevistador, quase ordena a seus entrevistados: "Descreva!".

O espectador, portanto, saberá como o Holocausto foi possível, com suas relações burocráticas e sua operação metódica, mas jamais saberá por que foi possível – Lanzmann se recusa a esse tipo de especulação porque, para ele, lançar o Holocausto numa perspectiva compreensível significa permitir que, de alguma forma, seja aceitável. Ele não quer saber se o Holocausto foi possível porque seria uma consequência do histórico antissemitismo europeu e alemão em particular – como muitos, aliás,

160

acreditam, sobrepondo à História do Holocausto a memória desse ancestral ódio europeu aos judeus, como se o programa de aniquilação dos judeus europeus pela máquina de extermínio nazista tivesse sido apenas mais um *pogrom*. Lanzmann entende que esse modo de "explicar" o inexplicável é simplesmente desonesto, e em suas nove horas de filme trata exclusivamente da chamada Solução Final, o resultado da violência crua.

No filme de Lanzmann, é preciso imaginar o que é dito. A paisagem nua, onde antes havia a morte e a destruição, clama pela imaginação. O velho que canta a música que era obrigado pelos nazistas a cantar quando criança, por exemplo, comove porque nos faz imaginar essa criança, que não está na tela. Lanzmann recusa terminantemente o uso de imagens de arquivo justamente por isso: essas imagens passariam a ser uma forma de "provar" o que é dito, e tal comprovação é na maioria das vezes impossível. Frequentemente, o silêncio dos que testemunham chegam a ser mais eloquentes do que as palavras, pois atira sobre o espectador o peso daquilo que não pode ser expresso em signos conhecidos.

Mesmo assim, pode-se dizer que a realização de *Shoah* teria sido impossível se Lanzmann não fosse ele mesmo um profundo conhecedor da história e dos arquivos que ele rejeita. A certa altura do filme, ele entrevista o historiador Raul Hilberg, autor de *A destruição dos judeus europeus*, para ouvir dele os detalhes da burocracia que cercava o embarque dos judeus nos trens rumo aos campos de concentração e de extermínio. Ou seja, à sua maneira, utilizou recursos historiográficos clássicos para embasar sua obra, ainda que, no discurso, rejeite a influência de qualquer referência histórica prévia.

Lanzmann faz da ausência o principal personagem de sua obra. Inovou também ao dar voz aos que estavam no entorno dos campos de extermínio, ouvindo deles a negação da terrível realidade que invadia suas narinas – na forma do cheiro dos

161

cadáveres que queimavam a poucos metros de suas casas – ou então que tomava seu cotidiano, por meio dos negócios feitos pelos guardas com o dinheiro e os bens roubados dos judeus assassinados.

A militância de Lanzmann a favor da palavra e contra a imagem fez dele uma espécie de policial da representação do Holocausto, censurando violentamente algumas das obras cinematográficas mais populares sobre a temática, como veremos a seguir.

A Lista de Schindler (1993), de Steven Spielberg

O HOLOCAUSTO PARA AS MASSAS

A Lista de Schindler quase dispensa apresentação. Um dos maiores sucessos da filmografia do diretor americano Steven Spielberg, a produção se baseia na história de Oskar Schindler, o industrial alemão que salvou da morte 1.100 judeus poloneses. O filme, que resume a pretensão de Spielberg de estabelecer como o Holocausto deve ser lembrado, ganhou uma dimensão muito além do cinema, servindo como tema para estudos históricos e até políticos. Não são poucos os críticos que veem nesse trabalho de Spielberg uma obra que faz mais mal do que bem às vítimas cuja memória pretende preservar e em cujo nome pretende falar – como fica claro na pungente cena final, em que os sobreviventes, chamados de "os judeus de Schindler", prestam homenagem ao empresário em seu túmulo.

Segundo seus críticos, *A Lista de Schindler* é um produto típico de Hollywood. Seus padrões, de fato, são os da indústria cultural, cujos valores supremos são o entretenimento e o espetáculo, com pendor de ser o "filme definitivo" sobre o Holocausto. Também segue o padrão de nivelar tudo pela simplificação, para atingir objetivos muito bem definidos: emocionar e consolidar

O Holocausto no cinema

HOLOCAUSTO E MEMÓRIA

uma narrativa do Holocausto. Como perguntou o crítico J. Hoberman na revista *Village Voice*, fazendo um trocadilho, "é possível fazer um filme de entretenimento que resulta em otimismo e bem-estar [*feel-good movie*] a respeito da experiência mais terrível [*feel-bad experience*] do século xx?".[9]

Ademais, o filme carrega na narrativa ficcional, a despeito da aspiração histórica de Spielberg. Pretende representar uma história episódica do Holocausto, ao mesmo tempo que tenta ser, em si mesmo, a totalidade da história do Holocausto. Mas o filme se centra em duas exceções absolutas: a do alemão que se dispõe a salvar judeus – quando a maioria dos alemães nada fez para impedir o massacre; e a dos judeus que se salvam, quando milhões deles pereceram em campos construídos exclusivamente para assassiná-los.

A despeito do caráter pretensamente histórico do filme, alguma coisa soa como conto de fadas. *A Lista de Schindler* se centra nos que sobreviveram, e não nos que morreram, e nisso tem um aspecto característico de Hollywood, ao explorar o desfecho positivo, redentor – o "final feliz", que, no caso do Holocausto, não existiu de nenhuma maneira, pois os sobreviventes, como vimos, carregam imenso fardo da culpa desde o minuto seguinte à sua libertação.

O filme também privilegia a narrativa na perspectiva dos algozes, seja do nazista que se torna resistente, Oskar Schindler, seja do *alter ego* deste, Amon Goeth, o psicótico oficial da ss que comanda o campo de prisioneiros. Já os judeus aparecem como sempre: são o elo fraco, quando não exercem o papel que os antissemitas lhes costumam atribuir, colaborando para a falsificação que afinal levará à sua salvação no esquema de Schindler.

Por fim, alguns críticos sustentam que *A Lista de Schindler* cruzou a linha da representação do Holocausto, ao tentar ser "realista demais", sendo que, para muitos, não há realismo artístico suficiente para retratar o que aconteceu. Para gente como

164

Claude Lanzmann, um dos maiores questionadores do trabalho de Spielberg, foi uma transgressão inaceitável. Lanzmann, que, como já vimos, considera herético tentar representar artisticamente o Holocausto, argumenta que, se houvesse algum fotograma ou mesmo um filme retratando o assassinato de 3 mil mulheres e crianças numa câmara de gás, esse registro deveria ser destruído, e não mostrado. "No filme [de Spielberg] não há reflexão, pensamento, sobre o que foi o Holocausto e sobre o que é o cinema. Porque se ele [Spielberg] tivesse pensado, ele não o teria feito – ou teria feito *Shoah*", disse Lanzmann, fazendo referência a seu próprio documentário, o já citado *Shoah*, cuja principal característica é não ter imagens de arquivo e se basear somente em depoimentos e imagens atuais.[10]

Considerando a destruição da memória promovida pelos nazistas, em que nem mesmo cadáveres restaram para serem honrados, o papel da cultura de massa na formação da memória do Holocausto torna-se central, e é aí que obras como *A Lista de Schindler* se encaixam, ajudando a formar a memória coletiva. A sociedade midiática pós-moderna não se contenta somente com a memória: é preciso ter a "experiência" do passado. Um filme "realista" como *A Lista de Schindler* cumpre essa função. E o filme, por sua vez, serve para entendermos essa cultura. Se não pode ser encarado de frente, o Holocausto pode ao menos ser visto por meio de alegorias românticas, que é o modo como os americanos lidam com os traumas.

A Lista de Schindler escancara o que outros filmes, como *Adeus, meninos* (1987) e *O último metrô* (1980), apenas insinuam. *Adeus, meninos*, do francês Louis Malle, trata da relação entre dois amigos adolescentes, um deles judeu, numa escola na França ocupada pela Alemanha nazista, em 1944. Denunciado, o menino judeu acaba entregue à Gestapo, a polícia política nazista. À sua maneira, o filme alarga o entendimento que temos sobre o Holocausto, ao privilegiar não o genocídio em si, mas o terror permanente sob o qual viviam os judeus sob o nazismo, situação que é parte essencial do processo de aniquilação. Já *O último metrô*, do também francês François Truffaut, conta a história de um diretor de teatro judeu na França ocupada pelos nazistas, em 1941. O diretor vive escondido no porão do teatro, enquanto à luz do dia se desenrolam o drama da caça aos judeus e da relação de sua mulher com um ator. O medo e o ódio – outros elementos centrais do Holocausto – são uma constante na trama. Mas, assim como em *Adeus, meninos*, em *O último metrô* o massacre dos judeus é apenas sugerido.

No cinema, o horror pode ser incômodo, se apenas insinuado, ou didático, se for explícito. Mas afinal, em se tratando do Holocausto, o que se pretende é ensinar sobre esse horror, na esperança de não vê-lo repetir-se, ou causar desconforto ao espectador, convidando-o a pensar sobre si mesmo, e, por extensão, em toda a humanidade, diante da tragédia dos judeus europeus? No caso de *A Lista de Schindler*, a opção de Spielberg foi a de empregar o didatismo em sua forma mais primária, acrescentando a essa narrativa o mito do herói improvável, acidental, que nasce no ventre do inimigo – Schindler, de certa forma, vem redimir a humanidade, por ser, digamos, um alemão com traços humanos, malgrado usar o broche do Partido Nazista na lapela.

Nesse contexto, o Holocausto filmado por Spielberg adquire características de irrealidade: a certa altura de seu espanto (e fascínio) pelo sofrimento judeu ali retratado, o espectador, para vencer o desconforto, pode se convencer no íntimo de que aquilo, afinal, não passa de um filme ou de uma fábula. Isso não acontece no caso dos filmes documentários que apenas registram o testemunho dos sobreviventes, como o já citado *Shoah*, de Claude Lanzmann, pois ali não há qualquer mediação artística e estética entre o que se diz e o que se imagina. Talvez por esse motivo Spielberg tenha filmado sobreviventes, exibidos ao final de *A Lista de Schindler* – para "provar" que sua história era real. E não ficou nisso: o diretor, a partir de sua experiência com o filme, deu início ao projeto que resultaria, pouco tempo depois, em 1994, no arquivo de história visual da Fundação Shoah – chamada inicialmente de Fundação de História Visual dos Sobreviventes da Shoah, para "registrar em videotape, antes que seja tarde demais, os relatos em primeira pessoa de 50 mil sobreviventes e de outras testemunhas", segundo seu manifesto.

Essa iniciativa de Spielberg não foi suficiente para mitigar as críticas a seu *A Lista de Schindler*. Sucesso retumbante de público, o filme fez o diretor ser acusado de tudo: de ser um judeu americano interessado em lucrar com o Holocausto; de ser um cineasta infantil que usou o Holocausto para ser visto como um diretor sério; e de ser um pretensioso guardião da memória dos sobreviventes. Mas, bem ou mal, *A Lista de Schindler* ainda guarda alguma relação com o Holocausto real, e muitas das críticas recebidas embutem uma natural má vontade com tudo o que é produzido por Hollywood. O mesmo, contudo, não se pode dizer de outro dos filmes mais representativos do gênero Holocausto, *A vida é bela* – talvez o exemplo mais bem acabado de uma ofensa brutal nascida das melhores intenções.

A vida é bela (1997), de Roberto Benigni

O Holocausto como fábula

Não se pode dizer que o comediante e diretor italiano Roberto Benigni não avisou que sua maior obra, *A vida é bela*, era apenas uma fábula. Logo no início do filme, se diz que "esta é uma história simples", mas que "não é fácil contá-la": "Como numa fábula, há dor. E, como numa fábula, ela é cheia de maravilhas e felicidade". O problema de *A vida é bela*, portanto, não é de que se trata de uma fraude, um desrespeito à história, pois o filme se assume como uma fantasia; o problema é a opção

pela fantasia para abordar o Holocausto. Mais uma vez estamos diante do grande dilema dos limites da arte para representar o genocídio dos judeus na Segunda Guerra, mas nesse caso há um terrível agravante: trata-se de um filme feito para rir e encantar.

A vida é bela relata a história do ex-garçom e livreiro judeu Guido, da cidade italiana de Arezzo. Na primeira metade do filme, esse personagem, vivido pelo próprio Benigni, revela-se ao espectador como uma espécie de Dom Quixote, que acredita que tudo o que lhe acontece é parte de uma grandiosa história de amor ou de aventura. Guido se casa com uma não judia, Dora, que para ele é uma princesa de contos de fada, e com ela tem um filho, Giosué. Mas a imensa felicidade familiar é subitamente interrompida pela tragédia do Holocausto, e a família toda é levada para um campo de concentração. Dora é separada do marido e do filho, então com 5 anos de idade, enquanto Guido fica junto com Giosué. Guido se empenha o tempo todo em fazer o menino acreditar que aquele tormento era apenas parte de um jogo, uma gincana em que o trabalho escravo se convertia em "provas" que valiam "pontos". Havia um grande prêmio para quem atingisse mil "pontos": um tanque de verdade. Giosué, que era um aficionado por tanques, entra na brincadeira. Ao final da história, quando Guido já havia sido morto pelos nazistas enquanto o campo estava sendo desmantelado ante o avanço dos Aliados, o menino, que estava escondido como parte do "jogo", é resgatado por um tanque americano e, ao reencontrar a mãe na estrada, vibra: "Vencemos! Fizemos mil pontos!".

Há inúmeras falhas nesse roteiro, a despeito do fato de que, segundo os produtores, o filme tenha tido consultoria de historiadores e de sobreviventes italianos do Holocausto. O maior problema é que o filme convida o espectador a acreditar que uma criança de 5 anos sobreviveria facilmente num dos campos nazistas de extermínio ou de trabalhos forçados. Como mostra a vasta historiografia sobre o assunto, as crianças bem pequenas, caso de Giosué, quando não eram simplesmente mortas pouco depois de chegarem, eram deixadas com as mães, na ala feminina do campo. As mães eram úteis para acalmar os filhos na fila da câmara de gás, o que era muito importante para os nazistas, sempre empenhados em levar o genocídio adiante da forma mais ordeira e disciplinada possível, para não haver atrasos.

Outro problema significativo é a facilidade com que Guido consegue se safar das situações potencialmente mais perigosas enquanto se empenha em continuar a iludir o filho de que tudo ali era apenas uma brincadeira. Não há registros de testemunhos dos campos de extermínio em que essas situações fossem remotamente possíveis; a regra geral era a pura violência, a todo momento e sem nenhum sentido. Por mais que alguns nazistas pudessem ser tolos, não era possível enganá-los da maneira como o filme retrata, muito menos caracterizar o campo como um parque de diversões.

Ademais, o filme não mostra a humilhação permanente a que os prisioneiros eram submetidos: ninguém tem o cabelo cortado e ninguém leva pancadas o tempo todo. Guido consegue até mesmo manter nos pés seus sapatos – quando se sabe que todos tinham de entregá-los quando chegavam, substituindo-os por tamancos de madeira.

Por fim, mas não menos importante, há uma significativa incongruência histórica na narrativa fabulosa de Roberto Benigni: os judeus italianos, como Guido, começaram a ser deportados a partir de setembro de 1943 e, em sua grande maioria, foram mandados para Auschwitz, campo de concentração na Polônia – que, como se sabe, foi libertado pelos soldados soviéticos, e não pelos americanos, como mostra Benigni no filme. É possível especular que foi um erro cometido por cálculo: para agradar à audiência americana – inclusive os membros da Academia de Artes e Ciências Cinematográficas, que confere o Oscar –, Benigni pode ter preferido retratar o herói da libertação do campo como um soldado americano, e não um russo. Afinal, se a fantasia já havia substituído a realidade em quase todo o filme, por que não no final pretensamente arrebatador?

170

Apesar de todos esses problemas, o filme ganhou muitos prêmios, entre os quais o Grande Prêmio do Júri do Festival de Cannes, em 1998, e, no mesmo ano, os Oscar de Melhor Filme Estrangeiro, de Melhor Ator, para Roberto Benigni, e de Melhor Trilha Sonora Original, além de ter sido indicado para Melhor Diretor, Melhor Filme e Melhor Roteiro Original.

Benigni se defendeu das críticas dizendo que *A vida é bela* não tinha nenhuma pretensão histórica, servindo basicamente para ser "um filme fantástico, quase de ficção científica, uma fábula onde não há nada de real, de neorrealista, de realismo".[11] Segundo ele, "não vale a pena procurar esse tipo de coisa em *A vida é bela*". Sua ideia, segundo insistiu em várias entrevistas posteriores, foi enfatizar o otimismo ante a barbárie; seu filme, portanto, explorava o Holocausto apenas como um cenário – radical, é verdade – para o exercício do pensamento positivo.

A questão, mais uma vez, é o quão longe se pode ir na representação do Holocausto. Roberto Benigni, reconheça-se, foi corajoso, por pretender tirar o Holocausto do terreno da História e lançá-lo completamente no campo da fantasia, mas o problema de fundo é que, à medida que a tragédia dos judeus europeus fica cada vez mais distante no tempo, os filmes que pretendem retratá-la passam a ser vistos, pelas novas gerações, como uma espécie de representação fiel do que se passou. E, definitivamente, *A vida é bela* quase nada tem de real.

O escritor húngaro Imre Kertész, sobrevivente de Auschwitz e Buchenwald, defendeu Benigni. No ensaio "A quem pertence Auschwitz", Kertész – que, aliás, detestou *A Lista de Schindler* – comenta sobre *A vida é bela*:

> Imagino que, uma vez mais, o coro dos puritanistas do Holocausto, dos dogmáticos do Holocausto e dos expropriadores do Holocausto fez-se ouvir: "Pode-se falar assim acerca de Auschwitz?". Porém, olhando-se mais de perto, o que é esse assim? [...] Bem, assim, com o humor, com os recursos

da comédia, diriam, na verdade, os que viram o filme através dos anteparos da ideologia e dele não compreenderam uma única cena, uma única palavra.[12]

A julgar pelas palavras de Kertész, deve-se então compreender *A vida é bela* apenas como alegoria de Auschwitz, já que o verdadeiro campo de extermínio jamais seria dado a conhecer. Estaria dada a senha para tratar do Holocausto não como aconteceu, mas apenas como parábola moral – dentro da qual caberia até mesmo a comédia.

Nesse sentido, o exato oposto de *A vida é bela* é *Filho de Saul*, filme que, como veremos a seguir, procurou retratar com a maior fidedignidade possível o monstruoso colapso moral num campo nazista – e foi muito bem-sucedido.

Filho de Saul (2015), de László Nemes

O HOLOCAUSTO CLAUSTROFÓBICO

Filho de Saul se passa quase todo ele no campo de extermínio de Auschwitz-Birkenau, já no final da guerra. O protagonista é Saul Ausländer (estrangeiro, em alemão), um dos milhares de judeus húngaros deportados em 1944. Foi nesse momento, quando as tropas soviéticas se aproximavam do campo, que o processo de extermínio dos judeus foi acelerado dramaticamente pelos nazistas. Saul é integrante de um *Sonderkommando*, grupo de prisioneiros judeus que atuava para os algozes nazistas, facilitando-lhes o trabalho do genocídio – seja encaminhando os judeus para as câmaras de gás, seja recolhendo os cadáveres e levando-os para os fornos crematórios, seja ainda retirando dos cadáveres, antes da incineração, as joias eventualmente escondidas no ânus, na vagina ou na boca desses corpos.

O filme já começa com Saul em seu "trabalho". É aí que ele repara que, em meio aos mortos na câmara de gás, ainda há um

O Holocausto no cinema

Holocausto e Memória

menino que respira. O garoto acaba morrendo, mas Saul acredita que se trata de seu filho – que ele gostaria de enterrar conforme os rituais judaicos. Sendo um integrante de um *Sonderkommando*, Saul é um "privilegiado", pois pode circular um pouco mais à vontade pelo campo – e ele o faz, em busca de um rabino.

Na trama, ele acaba aderindo a outros integrantes do *Sonderkommando* que pretendiam promover um levante e destruir as câmaras de gás. Mas Saul não está interessado em nenhuma rebelião: seu objetivo imediato é apenas conseguir ajuda para enterrar aquele que julga ser seu filho. Esse elemento da história, tão central que dá nome ao filme, é a única alegoria a que o diretor do filme se permite – e é uma alegoria poderosa. Primeiro, ao dar um "filho" ao protagonista que experimenta o esgarçamento completo das relações humanas, a trama confere a Saul a humanidade que parece faltar a todos ao redor; segundo, o "filho" seria uma espécie de fantasma do Holocausto, que precisa ser enterrado para que os sobreviventes vivam em paz; terceiro, o enterro carrega em si mesmo a marca da dignidade, algo completamente ausente em Auschwitz.

O filme é inspirado num episódio real de resistência em Auschwitz, protagonizado por integrantes de um *Sonderkommando* que, em meio aos preparativos para um levante, conseguiram, com a ajuda da resistência polonesa, contrabandear para dentro do campo uma câmera fotográfica, uma Leica alemã, com a qual registraram as únicas imagens existentes do processo de extermínio dos judeus em Auschwitz. As quatro fotos, tiradas em agosto de 1944 no crematório V do campo de extermínio, são uma janela única para se observar o interior do universo concentracionário e, principalmente, o momento em que os judeus estavam sendo aniquilados por aquela indústria da morte. O rolo de filme com as imagens foi levado para fora do campo enfiado em um tubo de pasta de dentes. Não parece coincidência o fato de que László

174

O Holocausto no cinema

Nemes escolheu filmar em tela quadrada, para dar a sensação de claustrofobia e de relance – exatamente como uma das fotos tiradas clandestinamente em Auschwitz, a que mostra uma pilha de cadáveres a partir da visão de quem está dentro da câmara de gás, ponto de onde o heroico fotógrafo registrou furtivamente a imagem.

Primeiro filme do diretor húngaro László Nemes, *Filho de Saul* faz também uma conexão direta com o documentário *Shoah*, de Claude Lanzmann. Assim como o filme do diretor francês, a produção húngara mostra que havia alguma resistência judaica nos campos, contrariando a imagem segundo a qual os judeus foram para as câmaras de gás como cordeiros para o matadouro; também como mostra Lanzmann, Nemes deixa claro que os judeus eram enganados de diversas maneiras, para que tardassem o máximo possível a perceber que seu destino invariavelmente era a morte; e, finalmente, *Filho de Saul*, como faz *Shoah*, questiona a noção segundo a qual os judeus integrantes do *Sonderkommando* eram "colaboradores" dos nazistas – na verdade, a alternativa era a morte, e os "privilégios" que os judeus que dele participavam possuíam tinham mais a função de criar no campo a sensação de que somente os que cometiam barbaridades eram recompensados. Ademais, os integrantes do *Sonderkommando* – como um deles relatou a Claude Lanzmann em *Shoah* – sabiam que sua sobrevivência se devia exclusivamente ao dever de testemunhar as atrocidades que viram e das quais tiveram que participar. E é isso o que faz a câmera de László Nemes, que acompanha quase o tempo todo as ações de Saul Ausländer, em *close* na parte de trás da cabeça do personagem, como se o espectador fosse ele mesmo Saul – e, portanto, a testemunha.

Mesmo nessa condição, o espectador não entende o que se passa em seu entorno e também não tem como julgar – o que obviamente acarreta importantes questões éticas: afinal, sem

175

julgamento, não há responsabilização. A câmera não se afasta de Saul nem mesmo quando o ambiente se transforma por algum acontecimento, tornando muito difícil a compreensão daquele caos. A sensação, em muitos momentos, é da mais sufocante claustrofobia. O olhar apático de Saul, quando a câmera o flagra, de nada serve para que o espectador consiga saber o que está acontecendo – esse olhar sem emoção não se altera nem mesmo diante das maiores atrocidades, de cuja realização apenas se intui. A chegada de novos prisioneiros, sua condução até a câmara de gás, o processo de extermínio, tudo é visto por meio dos fragmentos percebidos por Saul, em geral fora de foco e de forma impressionista. Nada fica claro nas lentes do diretor. É como os testemunhos do documentário *Shoah*: servem como espasmos de memória, cuja reconstituição integral é impossível. Não à toa, muito do que dizem os testemunhos de sobreviventes no filme de Claude Lanzmann é encenado em *Filho de Saul*. Mesmo a intenção de Saul de enterrar seu "filho" remete ao depoimento de Mordechaï Podchlebnik, que foi integrante do *Sonderkommando* do campo de Chełmno e contou a Lanzmann sua experiência de ter retirado os corpos de sua mulher e de seu filho de um caminhão usado como câmara de gás.

Assim, o jovem László Nemes parece ter de certa forma desafiado o ditado de Claude Lanzmann, segundo o qual o Holocausto é irreproduzível. Ainda assim, o filme de Lanzmann lhe é superior, justamente por resistir à tentação da representação – por mais que essa representação tenha sido, em *Filho de Saul*, tecnicamente brilhante e carregada de paradoxos religiosos, políticos e morais. Mas o filme de László Nemes foi aplaudido por ninguém menos que o próprio Claude Lanzmann, que o classificou como "o anti-*Lista de Schindler*". Para quem conhece a opinião de Lanzmann sobre o filme de Spielberg e sobre qualquer outra tentativa de representar artisticamente o Holocausto, trata-se de um elogio e tanto.

176

NOTAS

[1] George Steiner, *Language and Silence*, Nova York, Atheneum, 1970, p. 16.

[2] William L. Blizek (ed.), *The Bloosmbury Companion to Religion and Film*, Londres, Bloosmbury Publishing, 2013, p. 237.

[3] Zigmunt Bauman, *Modernidade e Holocausto*, Rio de Janeiro, Jorge Zahar, 1998, pp. 11-12.

[4] Jean Marc Leveratto e Laurent Jullier, "The Story of a Myth: The Tracking Shot in *Kapò* or the Making of French Film Ideology", *Mise au Point*, n. 8, 2016.

[5] Idem.

[6] Zigmunt Bauman, op. cit., p. 11.

[7] Elie Wiesel, "Trivializing the Holocaust: Semi-fact and Semi-fiction", *The New York Times*, 16 abr. 1978, p. 2.

[8] Claude Lanzmann, "Aqui não existe por quê", Instituto Moreira Salles, 2012, p. 4.

[9] J. Hoberman, "Spielberg's Oscar", *Village Voice*, 21 de dezembro de 1993, p. 63.

[10] Gary Weissman, *Fantasies of Witnessing: Postwar Efforts to Experience the Holocaust*, Ithaca, Cornell University Press, 2004, p. 189.

[11] Roberto Benigni e Vincenzo Cerami, *A vida é bela: roteiro*, São Paulo, Companhia das Letras, 1999, p. 6.

[12] Imre Kertész, *A língua exilada*, São Paulo, Companhia das Letras, 2004, p. 177.

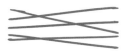

O Holocausto
como discurso político

Levou algumas décadas, depois da Segunda Guerra Mundial, para que o Holocausto finalmente começasse a ganhar a atenção devida. Como vimos, o tema sofreu uma série de interdições, especialmente de caráter político, até que se tornasse objeto de reflexão. O marco dessa virada pode ser localizado no julgamento de Adolf Eichmann em Jerusalém, em 1961, quando mais de uma centena de sobreviventes testemunhou, diante das câmeras de TV, ao vivo, sobre as atrocidades cometidas pelo regime representado, no banco dos réus, por aquele que era considerado um dos grandes burocratas da Solução Final. Em diversas partes do mundo, o horror daqueles depoimentos ajudou a consolidar a singularidade do Holocausto, destacando-o do extenso conjunto dos crimes nazistas – em muitos aspectos, passou a ser seu grande símbolo. A memória pessoal das vítimas e de suas famílias, de uma hora para outra, alcançava o território aberto da sociedade, obrigada a partir daí a refletir sobre seu comportamento diante da barbárie.

Por todos esses motivos, o tema passou então a ter um caráter eminentemente político, no sentido de que sua memória era invocada para reforçar determinados discursos com diversos fins – inclusive os mais deletérios, como aqueles destinados a negar o próprio Holocausto.

O NEGACIONISMO: CRIME CONTRA A HISTÓRIA

Tudo colaborou para dificultar a memória do Holocausto: a reconhecida dificuldade de relatar o que aconteceu durante o genocídio, as contradições dos sobreviventes, a destruição de documentos e dos campos de extermínio e a falta de vontade política de tocar nesse assunto. No entanto, passadas mais de sete décadas do fim da guerra, não parece haver mais tanta controvérsia histórica acerca da terrível realidade da Solução Final, já suficientemente documentada. Mesmo assim, ainda vigoram iniciativas destinadas a colocar em dúvida a singularidade ou mesmo a autenticidade do Holocausto. Essas variantes da destruição da memória do Holocausto são elaboradas para ganhar aceitação pública para seu ponto de vista, classificado como uma espécie de "contraditório" democrático – como se a negação do Holocausto fizesse parte de um debate legítimo.

Segundo os negacionistas – ou "revisionistas", como eles próprios, astutamente, se descrevem, na expectativa de qualificarem-se como historiadores –, o extermínio dos judeus nunca aconteceu. As autoridades da Alemanha nunca planejaram matar judeus da Europa e, como consequência, nunca construíram ou operaram campos da morte nos quais os judeus foram mortos. As contas negacionistas raramente colocam as mortes de judeus acima de 300 mil pessoas, e essas mortes em geral são atribuídas a privações de guerra e doenças.

Segundo os negacionistas, o conceito nazista de Solução Final sempre significou apenas emigração dos judeus, não a sua aniquilação. Os judeus "desaparecidos" da Europa depois de 1945 "ressurgiram" nos Estados Unidos como imigrantes ilegais, em Israel e em outras partes do mundo. A imensa documentação sobre o Holocausto, incluindo papéis oficiais da Alemanha nazista, as declarações de criminosos nazistas, os testemunhos de sobreviventes judeus, os diários e montanhas de provas exibidas em tribunais, tudo isso é invariavelmente classificado pelos negacionistas como material não confiável ou simplesmente como mentiroso.

Para os negacionistas, nenhum testemunho de judeus é aceitável porque foram eles que inventaram o "mito do Holocausto" em primeiro lugar, para servir a seus propósitos políticos e financeiros. Do mesmo modo, a documentação reunida pelos Aliados é rejeitada como inaceitável, uma vez que seria parte da trama vingativa contra a Alemanha.

Para os negacionistas, os alemães sofreram muito mais que os judeus, especialmente como resultado do bombardeio dos Aliados contra civis, sendo o exemplo do ataque aéreo à cidade de Dresden, que matou pelo menos 22,7 mil pessoas em fevereiro de 1945, o mais citado para ilustrar esse "argumento". De acordo com a versão propagada pelos negacionistas, os oficiais nazistas confessaram crimes que não cometeram na esperança de receber penas mais brandas. Rudolf Höss, comandante de Auschwitz, por exemplo, teria sido torturado para confessar.

A propaganda mentirosa dos negacionistas respeita algumas técnicas. Basicamente, aposta em eventuais contradições em depoimentos, testemunhos e documentos, ou mesmo discordâncias entre historiadores não negacionistas. Tudo para tentar tirar a credibilidade da História do Holocausto.

Os negacionistas exploram o fato de que não houve uma ordem escrita do ditador nazista Adolf Hitler para o genocídio;

HOLOCAUSTO E MEMÓRIA

de que a Conferência de Wansee (1942), na qual os nazistas discutiram os detalhes da Solução Final, não faz referência a câmaras de gás; de que o "tratamento especial" (*Sonderbehandlung*) dispensado aos judeus não era um eufemismo para o extermínio, e sim o sinônimo de algum privilégio. Do mesmo modo, a "evacuação" dos judeus para o Leste tinha de ser entendida literalmente, e não como outro eufemismo para o genocídio.

Os crematórios, segundo os negacionistas, serviam para dar cabo mais rapidamente dos mortos por tifo e outras doenças. As imagens dos judeus libertados dos campos eram montagem ou simplesmente falsas. Além disso, conforme essa versão, foram os bombardeios dos Aliados que interromperam o suprimento de alimentos e remédios dos campos, matando os internos de fome e de doenças.

Os negacionistas sustentam que os comunistas, os israelenses e os judeus do mundo todo se mancomunaram para inventar o "mito" das câmaras de gás com o objetivo de tirar a atenção de seus próprios crimes.

* * *

O mais significativo exemplo do estilo "crítico" e "científico" do revisionismo do Holocausto, que faria escola, apareceu em 1976 com o livro *The Hoax of the Twentieth Century* (O embuste do século XX), de Arthur Butz, professor de engenharia elétrica e de ciência da computação na Northwestern University, em Illinois. Butz adotou um tom pseudocientífico, dizendo que a História do extermínio é baseada em distorções deliberadas das provas existentes. Segundo ele, nunca houve extermínio em Auschwitz, que, diz, era um campo de trabalho "altamente produtivo"; o Zyklon-B, gás usado para matar os judeus nas câmaras dos campos de extermínio, na verdade servia para desinfetar as roupas dos operários; as câmaras de gás eram salas de banho e saunas; e a fumaça que saía das chaminés era resultado de processos químicos na indústria do campo, e não dos corpos incinerados.

No Reino Unido, papel semelhante foi desempenhado pelo livro *Did Six Million Die? The Truth at Last* (Seis milhões morreram? – A verdade, afinal), publicado em 1974 por Richard Harwood (pseudônimo de Richard Verral, editor do jornal do movimento fascista Frente Nacional Britânica). Harwood se esforça para justificar o antissemitismo alemão, que seria uma resposta a uma ofensiva do judaísmo internacional. Ele diz que Hitler só queria transferir os judeus para Madagascar, e também usa estatísticas demográficas do pós-guerra para inventar que as perdas dos judeus foram mínimas. Para ele, por fim, o *Diário de Anne Frank* é simplesmente falso.

Na França, o negacionismo assentou raízes inclusive acadêmicas. Paul Rassinier, conhecido ativista político de esquerda, ex-prisioneiro de Buchenwald, deu ao revisionismo um certo ar de respeitabilidade. Sem negar totalmente o Holocausto, ele dizia que os testemunhos eram muito exagerados. A partir de 1950, Rassinier passou a atacar os historiadores judeus como falsários que aumentavam os números do Holocausto para ganhos inconfessáveis. Nos anos 1960, já tratava o Holocausto como mito. Os nazistas, de perpetradores, passaram a benfeitores, e Rassinier chegou a destacar o lado "humano" dos oficiais da SS.

Seu herdeiro mais bem-sucedido foi Robert Faurisson, ex-professor de literatura da Universidade de Lyon. Ele se dizia apolítico, mas na prática isentava os alemães e acusava os judeus de usar o Holocausto para ampliar seu poder mundial. Em 1981, quando já estava clara sua militância negacionista, Faurisson publicou um ensaio chamado "Mémoire en défense contre ceux qui m'accusent de falsifier l'histoire" (Memórias contra aqueles que me acusam de falsificar a história), em que discutia a "questão" das câmaras de gás. O prefácio foi escrito por ninguém menos que Noam Chomsky, que emprestou

Holocausto e Memória

sua sólida carreira acadêmica como professor de linguística no Massachussetts Institute of Technology (MIT) para dar um verniz de autenticidade a um trabalho cujo único objetivo era enganar a opinião pública sobre o Holocausto.

No texto, Chomsky, conhecido militante de esquerda, admite que não leu o trabalho de Faurisson, mas ataca aqueles que pretendiam silenciá-lo. Ele qualificou Faurisson como "liberal" e disse que o francês não tinha nenhuma intenção antissemita no seu trabalho ou mesmo a intenção de negar o Holocausto. Para Chomsky, negar o Holocausto poderia significar simplesmente que quem nega não acredita que aquilo tenha sido possível e tem todo o direito de dizê-lo.

Há uma astuciosa tentativa aí de dar legitimidade à negação do Holocausto, explorando a reconhecida dificuldade de aceitar que tal empreendimento genocida, dada sua monstruosidade, tenha sido possível. Faurisson obviamente não estava entre aqueles que, de boa-fé, não acreditam na possibilidade de que algo parecido com o Holocausto tenha realmente acontecido, tamanha a agressão à razão cometida pelos nazistas; sua produção visava tão somente a dar corpo e voz ao ressentimento nacionalista europeu, que tem nos judeus – ainda vistos como estrangeiros – seus inimigos preferenciais. Na França de Faurisson, isso ainda é particularmente forte.

Nada disso foi levado em conta por Chomsky, ele também nem um pouco interessado na liberdade de expressão em si, mas somente em dar respaldo a qualquer discurso que constrangesse os judeus, Israel e, por extensão, os Estados Unidos. O que Chomsky convenientemente evitou discutir é que a liberdade de expressão não existe sem responsabilidade. É preciso responsabilizar-se pelo que se diz, do contrário é abuso. É a responsabilidade que cria a liberdade. O trabalho do historiador, portanto, requer prudência, especialmente para investigar objetos em que as provas são raras. Não é possível fazer como Faurisson, que diz que, por "falta de provas", é possível dar ao mundo a "boa notícia" de que as câmaras de gás não existiram, e a humanidade, portanto, estaria absolvida de um crime que nunca houve.

A extrema esquerda se aproximou da causa de Faurisson em razão dos julgamentos a que ele foi submetido na França, o último deles em 1991, sob acusação de violar a Lei Gayssot – estabelecida um ano antes para criminalizar a negação de crimes contra a humanidade. Ativistas pelos direitos civis viam Faurrison como uma vítima da censura e da repressão. Assim como Butz nos EUA, Faurisson se dizia um paladino da luta contra o "dogma religioso" do Holocausto em nome do "iluminismo" científico e de uma busca desapaixonada pela verdade. Assim, o negacionismo do Holocausto assumiu o discurso do martírio pelo dissenso, isto é, de um movimento legítimo que estava sendo injustamente perseguido por procurar a verdade e a justiça.

O Brasil também teve um desses "mártires": foi o escritor e editor gaúcho Siegfried Ellwanger Castan. Dono da editora Revisão, S. E. Castan, como assinava, publicou em 1987 um livro intitulado *Holocausto judeu ou alemão: nos bastidores da mentira do século*. Seu propósito, como se presume, era negar o Holocausto. Em seguida, pela mesma editora, publicou uma série de livros negacionistas e antissemitas. Depois de denunciado diversas vezes por movimentos antirracismo no Rio Grande do Sul, Castan teve seus livros apreendidos em 1991 e foi levado ao banco dos réus em 1995, mas acabou absolvido. Em novo julgamento, no ano seguinte, foi condenado pela Justiça gaúcha por produzir e distribuir livros com mensagens consideradas racistas e indutoras de ódio contra os judeus. Os diversos recursos acabaram no Supremo Tribunal Federal, em julgamento de grande impacto, entre 2002 e 2003.

A defesa de Castan procurou desmerecer a acusação de racismo ao dizer que os judeus não constituem uma raça e que o discurso do réu era direcionado contra o "sionismo internacional",

HOLOCAUSTO E MEMÓRIA

e não contra os judeus. Essa tese foi rechaçada por oito votos a três no plenário do Supremo, negando *habeas corpus* a Castan. Ademais, conforme demonstrou o jurista Celso Lafer, em parecer encomendado pelo Senado e que se tornou referência sobre o caso, é sempre possível conceber novas interpretações da história, "porque, em matéria de história, não existe coisa julgada", mas "não é lícito [...] alterar a matéria factual". E Celso Lafer arremata: "Por trás de falsidades grosseiras há sempre o deliberado intento de provocar danos a segmentos da sociedade".[1]

Outro importante "mártir" negacionista foi o alemão Ernst Zündel, condenado no Canadá, em 1988, por editar livros que negavam o Holocausto. O argumento era que esses livros, sabidamente falsos, tendiam a enganar o público e a alimentar a intolerância contra os judeus. A condenação acabou sendo anulada em 1992 pela Suprema Corte canadense, que viu nela uma violação da liberdade de expressão, deixando-o livre para manter sua feroz campanha antissemita – que incluiu um movimento pelo boicote do filme *A Lista de Schindler*, acusando-o de incitar o ódio contra os alemães.

Uma das principais peças da defesa de Zündel foi o relatório de um certo Fred A. Leuchter, um pseudoengenheiro americano, segundo o qual as câmaras de gás de Auschwitz não poderiam ter funcionado para o extermínio de seres humanos. A elaboração dessa fraude foi minuciosamente preparada pela defesa de Zündel, que incluiu o recolhimento ilegal do que diziam ser pedaços de uma parede da câmara de gás de Auschwitz, para servirem como prova.

O relatório de Leuchter e o testemunho do pseudoengenheiro foram devidamente desmoralizados no tribunal, mas isso não impediu que o historiador britânico David Irving encontrasse nesse material o argumento de que precisava para deflagrar uma campanha contra o que chamava de "mito" de Auschwitz, a partir de 1989.

186

O HOLOCAUSTO COMO DISCURSO POLÍTICO

Até então razoavelmente respeitado como um conhecedor da Alemanha nazista, Irving passou a ser identificado como um dos mais ferozes negacionistas. Entretanto, sua notoriedade atingiu o ápice quando, em 1996, ele processou em Londres a historiadora americana Deborah Lipstadt e sua editora, a Penguin, por terem-no qualificado como "um dos mais perigosos porta-vozes do negacionismo do Holocausto" no livro *Denying the Holocaust: The Growing Assault on Truth and Memory* (Negando o Holocausto: o crescente ataque à verdade e à memória). Lipstadt estava sendo processada por dizer a verdade: que Irving, como outros negacionistas do Holocausto, era um pernicioso falsificador da História e um malicioso manipulador de documentos e fontes.

Irving perdeu. O caso foi fundamental na luta contra o negacionismo, pois, durante o rumoroso julgamento do processo, historiadores sérios, como Richard Evans, puderam expor a amplitude da fraude articulada por gente como Irving. O fundamento de Evans, no limite, não foi questionar o negacionismo, e sim defender o ofício do historiador, que é "descobrir a verdade sobre o passado e dar a essa verdade a mais acurada representação possível". Se é assim, então, concluiu Evans, "Irving não é historiador".[2]

Apesar desse importante revés, o negacionismo continua a florescer no mundo, graças à via livre da internet. Gente como Ernst Zündel, impedido de falar em vários lugares da Europa por conta da legislação antinegacionismo, encontrou na internet sua tribuna ideal para se apresentar como guerreiro e mártir da liberdade de expressão contra a "mentira do século".

As "verdades" dos negacionistas, é claro, são fabricações que ignoram a imensa massa de evidências que desmentem suas conclusões. Como parte de sua fachada acadêmica, eles permutam entre si suas falsificações, enquanto veneram o que chamam de "objetividade científica". Os negacionistas estão engajados em reabilitar o nazismo, o fascismo e o racismo, sob a proteção da liberdade de expressão e da busca pela "verdade".

187

Assim, a negação do Holocausto se converteu em poderosa arma política. No Irã, por exemplo, há desde os anos 1980 uma intensa campanha antissionista que usa a negação do Holocausto como padrão. Em 2005, o então presidente do Irã, Mahmoud Ahmadinejad, disse que o Holocausto era um mito e que os sionistas usam o Holocausto para chantagear o Ocidente. No ano seguinte, o Irã recebeu uma conferência de negacionistas. Na abertura, o então chanceler iraniano, Manouchehr Mottaki, disse que, "se a versão oficial do Holocausto for colocada em dúvida, então a identidade e a natureza de Israel serão colocadas em dúvida".

Para impedir que a memória do Holocausto seja vilipendiada pelos negacionistas, nenhum esforço é excessivo. Como veremos a seguir, os monumentos e memoriais do Holocausto espalhados pelo mundo fazem parte desse empreendimento, preservando os vestígios e os testemunhos que os negacionistas, movidos pela mesma ideologia dos genocidas nazistas, lutam para desmoralizar. Esquecer o Holocausto, relativizá-lo ou, pior, considerá-lo como uma invenção com propósitos políticos e econômicos dos judeus é o objetivo dos que pretendem inocular na opinião pública global o mesmo vírus que, no século passado, destruiu a democracia ocidental e proporcionou a ascensão de movimentos totalitários em diversas partes da Europa: o vírus do irracionalismo e da antidemocracia.

OS MEMORIAIS DO HOLOCAUSTO: RESISTÊNCIA

Foi justamente o fundado receio de que o relato sobre o Holocausto encontraria ceticismo e, assim, pudesse ser negado que fez da defesa da memória daquela terrível tragédia um imperativo político. Podemos localizar a gênese desse processo no momento em que os primeiros prisioneiros foram libertados dos terríveis campos nazistas – e alguns destes, como num manifesto, estenderam os braços aos fotógrafos para mostrar-lhes o número que os nazistas tatuaram para identificá-los.

O HOLOCAUSTO COMO DISCURSO POLÍTICO

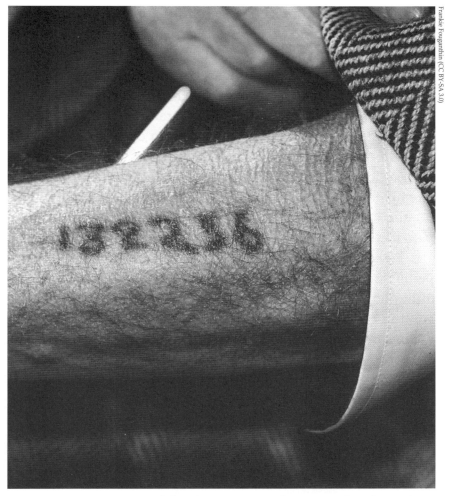

Sobrevivente mostra o braço tatuado pelos nazistas; o número passou a ser um dos mais poderosos monumentos do Holocausto.

Mais do que denunciar o que havia sido feito contra eles, o objetivo dos prisioneiros parecia ser o de mostrar o que os distinguia do resto do mundo, o que os tornava dignos de atenção e respeito. Até hoje, é o número no braço dos poucos sobreviventes que os liga a esse passado indelével.

189

A tatuagem no braço, nesse sentido, foi o primeiro monumento do Holocausto – e, como tal, carrega enorme força política e moral, capaz de remeter imediatamente a uma certa memória do Holocausto, que comove mas, ao mesmo tempo, constrange. A força desse símbolo é tamanha que há filhos e netos de sobreviventes do Holocausto que mandam tatuar em seus braços o número de seus pais e avós, como forma de perpetuar aquela imagem. O número tatuado, em qualquer circunstância, é capaz de criar identificação imediata com o Holocausto. Como monumento, portanto, é insubstituível, pois nada será mais eloquente do que isso, em se tratando de um evento cuja representação, para muitos, está no terreno do impossível.

Esse limite da memória do Holocausto, contudo, não impediu que monumentos para lembrar o genocídio dos judeus se multiplicassem pelo mundo, gerando enorme atenção e criando aquilo a que se deu o nome de "turismo mórbido". Todos esses lugares que remetem ao genocídio, de uma forma ou de outra, carregam potente carga emocional, capaz de despertar em quem os visita alguma forma de identificação com o destino dos que ali pereceram – e tornando real uma história que os inimigos da civilização pretendem colocar em dúvida.

A Casa de Anne Frank

Um caso muito curioso é o da Casa de Anne Frank, em Amsterdã, um dos lugares ligados ao Holocausto mais visitados do mundo. Milhares de pessoas comparecem anualmente aos locais que marcaram a vida e o destino de Anne Frank, no que já ganhou o nome de "turismo de Anne Frank". É um exemplo único na memória do Holocausto: raramente a história de um indivíduo se sobrepõe dessa maneira à história de milhões de vítimas.

Cerca de 1,2 milhão de turistas visitam a Casa de Anne Frank anualmente. Outros lugares, inclusive o campo de Bergen

Belsen, onde ela foi morta, também despertam interesse pelo mesmo motivo: seguir a trajetória da famosa menina do diário. Outros museus e memoriais de Anne Frank despertam interesse em várias partes do mundo. É um fenômeno de empatia. Todos querem se sentir como ela se sentiu – como uma menina frágil enfrentou o terror nazista e ainda se dispôs a contar ao mundo, na forma de diário.

O local mais visitado, obviamente, é o famoso Anexo Secreto, onde Anne viveu de julho de 1942 a agosto de 1944. Seu diário e outros escritos foram salvos pela secretária Miep Gies, que os repassou a Otto Frank, o pai, único sobrevivente das oito pessoas que ficaram escondidas. Ele se tornou o editor e o guardião do

Fila para entrar na Casa de Anne Frank, em Amsterdã; todos querem ver como viveu a menina que tinha sonhos como qualquer adolescente antes de ser assassinada pelos nazistas.

material da filha. A primeira versão do diário foi publicada em 1947, sob o título holandês *Het Achterhuis* (Casa dos fundos). O local histórico, que ganhou entre os moradores de Amsterdã o título de "o local secreto mais conhecido da cidade", foi salvo de demolição graças a uma campanha popular entre 1955 e 1957. A Casa de Anne Frank, administrada pela fundação Anne Frank Sichtung, foi aberta ao público em 1960 como um pequeno museu. Em uma década, o número de visitantes saiu de cerca de 10 mil no primeiro ano para 200 mil em 1970. Nos anos 1980, atingiu 600 mil, obrigando seus administradores a promover uma reforma, desde que preservado o Anexo Secreto. Foi então que o prédio foi transformado em centro educacional e em verdadeiro polo turístico: em 2007, o número de visitantes anuais passou de 1 milhão. No Anexo Secreto, a visitação foi limitada a 400 pessoas por hora. Longas filas se formam frequentemente na porta do museu, muitas vezes virando o quarteirão, todas ansiosas para ver "a casa de Anne".

O caso serviu para mostrar a uma legião de admiradores de Anne Frank a situação dos judeus na Holanda e, principalmente, o suplício a que os judeus eram submetidos para se manter escondidos dos nazistas. Muitos detalhes contribuem para a mística em torno de Anne Frank, a começar pelo mistério sobre quem teria denunciado os habitantes do Anexo Secreto aos nazistas. Tampouco se sabe o que se passou com Anne depois que ela foi capturada. Há mistério sobre toda a trajetória dela depois disso, muito diferente da riqueza de detalhes de sua vida no Anexo Secreto, narrados no diário. Há pesquisadores que sugerem que Anne e a irmã Margot tenham morrido antes do que se imagina, em fevereiro de 1945. Os administradores de Bergen Belsen resistem a pedidos de exumação para estudar as ossadas e tentar encontrar a de Anne.

Nada disso impediu que escritores, pesquisadores e amigos de Anne Frank tentassem especular o que se passou com ela antes de morrer. Um documentário, *The Last Seven Months of Anne Frank* (Os últimos sete meses de Anne Frank), com entrevistas com seis mulheres sobreviventes que passaram pelos mesmos campos que Anne na mesma época, algumas das quais teriam visto Anne, então com 15 anos, tenta reconstituir o que seria o universo de Anne naquele momento.

A preservação da memória de Anne não é livre de controvérsias, que têm a ver diretamente com Otto Frank, o pai da menina. Depois de sua libertação de Auschwitz, Otto voltou a Amsterdã e retomou seus negócios no mesmo endereço onde se escondeu com Anne. Depois de publicar o diário da filha, Otto casou-se novamente e em 1953 foi para Basileia, na Suíça, com sua segunda mulher, a também sobrevivente de Auschwitz Elfriede Geiringer. Na Basileia, vivia a mãe de Otto, Alice Stern Frank, e uma irmã, Helene Frank Elias. Enquanto isso, o diário se tornava um sucesso: foi levado à Broadway em 1955, e virou filme em 1959. O primeiro ganhou um Tony, o principal prêmio do teatro americano; o segundo faturou um Oscar. Nesse momento, era preciso uma organização que cuidasse dos direitos autorais sobre o diário, e foi então que Otto estabeleceu o Fundo Anne Frank, em 1963, financiado pelos *royalties*. O *Diário de Anne Frank* foi traduzido para 60 idiomas e adaptado para uma imensa variedade de iniciativas artísticas, tudo com aprovação do Fundo Anne Frank. Mais recentemente foi publicada uma "versão definitiva" dos diários, com páginas anteriormente omitidas, mostrando uma Anne Frank mais adulta do que sua idade indicava.

Já a Fundação Anne Frank, que detém a Casa de Anne Frank, é uma organização com propósitos diferentes do Fundo Anne Frank. A Fundação dedica-se a preservar a memória de Anne Frank e o museu, vivendo do dinheiro das entradas, além de doações e de venda de livros. As duas entidades nem sempre se deram bem, a começar por uma disputa, no final dos anos

1990, a respeito de quem deveria deter a marca registrada "Anne Frank", e a Justiça deu ganho à Casa de Anne Frank. Mais tarde, em 2007, ambas as organizações se acertaram para que os arquivos da família em poder do ramo suíço fossem transferidos para a Casa de Anne Frank, mas em 2013 o acordo foi rompido pelo Fundo Anne Frank.

No limite, a disputa envolve a pretensão a ter titularidade sobre a memória de Anne Frank. Nessa disputa, o Fundo Anne Frank acusa a Fundação Anne Frank de tentar tirar de Anne Frank seu judaísmo. A controvérsia é antiga. Quando a história de Anne Frank estava sendo vertida para o teatro, no início dos anos 1950, o Fundo Anne Frank rejeitou a versão apresentada pelo dramaturgo Meyer Levin. Segundo Levin, um judeu de origem ortodoxa, seu texto foi rejeitado porque apresentava uma Anne "muito judia". Ele também criticou o tratamento "secular" dado à memória de Anne por judeus alemães – a começar por Otto Frank, o pai.

Conflitos posteriores a respeito dos direitos sobre o nome de Anne Frank também tiveram como centro a discussão sobre a redução do judaísmo de Anne – ao ponto de o Fundo Anne Frank se queixar de que a Casa de Anne Frank tinha poucos funcionários judeus. Mais recentemente, o desacordo sobre o judaísmo de Anne Frank se deslocou para o debate sobre como rememorar o Holocausto. Yves Kugelmann, porta-voz do Fundo Anne Frank, disse que, "na tradição cristã, você transforma pessoas mortas em ícones, enquanto na tradição judaica você foca nos livros e outros escritos". Segundo Kugelmann, era desejo de Otto Frank que não se fizesse um mausoléu ou um museu com imagens de Anne, "mas que ela deveria ser lembrada apenas por seu próprio texto". E ele continua: "A questão é como Anne Frank é lembrada e o que as pessoas imaginam sobre ela. Por um lado, muitos levam Anne Frank a sério e respeitam sua história, mas, por outro lado, há toda uma indústria que a tira do contexto e a trata como um ícone para tudo e para qualquer coisa. Não acho que essa seja uma maneira de lidar com esse assunto, como se Anne Frank tivesse se transformado na mais importante vítima do Holocausto, deixando de lado todas as outras vítimas".[3]

Ainda assim, o caso de Anne Frank é realmente singular, numa catástrofe em que milhões de pessoas foram mortas. O fascínio que ela exerce criou um personagem único: sua experiência individual inspira milhões de pessoas ao redor do mundo e a fazem um símbolo da fragilidade contra a barbárie nazista, mas ao mesmo tempo da força de quem foi capaz de registrar em diário suas angústias e fantasias de garota enquanto havia profunda incerteza sobre o futuro. Seu nome desperta identificação com as vítimas do Holocausto, o que cumpre importante papel pela memória de todas as outras vítimas.

Memorial do Holocausto (Berlim)

Outro debate difícil sobre como preservar a memória do Holocausto foi e continua a ser travado na Alemanha, o país que promoveu o genocídio dos judeus europeus. Como afinal a nação dos carrascos deveria lembrar-se de suas vítimas?

O Memorial Aos Judeus Europeus Mortos (Denkmal für die ermordeten Juden Europas), ou Memorial do Holocausto (Holocaust-Mahnmal), em Berlim, surgiu no auge dessa querela. Sem forma definida, exatamente como a alma torturada dos alemães ante o crime que seus antepassados recentes cometeram, o Memorial do Holocausto irrompe no centro de Berlim, com blocos de concreto de formas diferentes, que podem ser interpretadas de forma diversa por cada um dos turistas – convidados assim, cada um à sua maneira, a refletir sobre o Holocausto. O Memorial não facilita nem procura simplificar essa temática que não tem nada de fácil nem de simples. Para saber da história do Holocausto, é necessário descer ao subsolo do Memorial, ir às entranhas. É preciso querer enfrentar a memória acachapante do Holocausto.

São 2.711 blocos de concreto, com alturas que variam de 20 centímetros a 4,8 metros, que se espalham por 19 mil metros quadrados. No centro de informações no subterrâneo, pode-se ler os nomes de todas as vítimas do Holocausto conhecidas, reunidas pelo Yad Vashem, o Memorial do Holocausto de Israel. A ideia é mostrar que cada vítima do Holocausto era um indivíduo, com uma história pessoal. Ou seja, o Memorial é abstrato, mas as informações são muito concretas.

A ideia de construir o Memorial surgiu em 1988, a partir da militância da jornalista e ativista política Lea Rosh. Com a reunificação da Alemanha, em 1990, o projeto ganhou impulso. Os ativistas que lutavam por sua construção reivindicaram o terreno entre o Portão de Brandemburgo e a antiga Chancelaria do Reich, para colocar o memorial exatamente sobre as ruínas do centro do poder nazista. Alguns dos prédios que ali se localizavam abrigaram a burocracia que esteve por trás do esforço genocida de liquidar os judeus da Europa, entre os quais o Ministério da Propaganda e a própria Chancelaria. Ainda está preservado o bunker do ministro da Propaganda, Joseph Goebbels, ao norte do Memorial – o local não pode ser visitado. O famoso bunker de Hitler estava localizado ao sul do Memorial, mas dele nada restou. Há apenas uma placa discreta indicando o local.

Optou-se por colocar o Memorial no antigo território do poder nazista e tão central em Berlim com o intuito de manter uma lembrança incontornável e permanente para as futuras gerações. Foi concebido para ser visitado sem obstáculos, numa das regiões mais populares da capital alemã. Essa geografia faz do Memorial uma forma de manifesto político: não é possível se livrar da memória do Holocausto.

O HOLOCAUSTO COMO DISCURSO POLÍTICO

Memorial do Holocausto em Berlim, localizado onde antes era o centro do poder nazista; a obra não simplifica a memória do genocídio dos judeus.

Durante os debates sobre a construção do Memorial, questionou-se se o projeto não esvaziaria a importância de outros sítios, estes relacionados diretamente ao genocídio. Em resumo, temia-se que o Memorial criasse uma memória artificial. Mas a autenticidade do Memorial está no fato de ter sido erguido na Alemanha contemporânea justamente para lidar com o passado nazista. Assim, sua função não é marcar um local histórico, mas servir para "honrar as vítimas, manter viva a memória desses inconcebíveis eventos na História da Alemanha, advertir as gerações futuras para que não se violem novamente os direitos humanos, defender o Estado democrático constitucional em qualquer época, assegurar a

HOLOCAUSTO E MEMÓRIA

igualdade perante a lei para todas as pessoas e resistir a toda forma de ditadura e de regimes baseados na violência", conforme diz a resolução do Bundestag, o Parlamento alemão, sobre o Memorial, publicada em 25 de junho de 1999. Ademais, diz a resolução, o Memorial "não substitui os locais históricos onde as atrocidades foram cometidas".

Assim, explica-se por que o Memorial passou a ser chamado de *Mahnmal*, expressão que em alemão serve para designar monumentos que se prestam a lembrar de algum evento trágico, para que não aconteça novamente. A própria discussão sobre a construção do Memorial causou uma tomada de consciência sobre a necessidade de lembrar e de preservar a memória do Holocausto na Alemanha. Houve comentaristas que disseram que o debate em si já era uma espécie de monumento.

A esse propósito, o arquiteto Peter Eisenman, autor do projeto, comentou: "A enormidade e a escala do horror do Holocausto são tais que qualquer tentativa de representá-lo por meios tradicionais é inevitavelmente inadequada. Nosso memorial tenta apresentar uma nova ideia de memória, como algo distinto da nostalgia". Ou seja, o Memorial do Holocausto de Berlim, diferentemente de outros monumentos, em geral feitos para glorificar o passado, só existe para lembrar aos alemães que, um dia, seu país e seus compatriotas foram capazes das piores atrocidades jamais cometidas na História.

Os campos da morte

Nada se compara, contudo, à experiência de visitar um antigo campo nazista, onde o Holocausto se consumou. Dessa maneira, são o mais potente monumento para a memória dos que ali pereceram. A visita a esses lugares, para muitos, especialmente os judeus, é cercada de significados religiosos, tornando-se uma espécie de peregrinação.

198

O problema dos campos de concentração e de extermínio como monumentos é que a maioria foi desmontada pelos nazistas antes do final da guerra. Como representar o que não há mais? Diversos governos e grupos de sobreviventes, então, começaram a se mobilizar a partir do fim da guerra para lançar as bases desses memoriais. Concursos internacionais de arte foram abertos para que artistas apresentassem sua visão do que deveria ser lembrado e de que maneira. Criou-se uma iconografia específica do Holocausto. Prevaleceu um *design* internacionalista e vanguardista na maioria desses memoriais, para indicar a universalidade e a contemporaneidade da tragédia.

O que pode ser considerado o primeiro memorial do Holocausto foi criado ainda em 1943, em plena guerra, no campo de concentração de Majdanek, no leste da Polônia. Um prisioneiro, o artista católico polonês Albin Boniecki, persuadiu um administrador da ss a permitir que sua seção do campo fosse "abençoada" com uma escultura de sua autoria. Boniecki usou concreto para criar *Três Águias* – um grupo de pássaros interligados levantando voo –, que ele dispôs sobre uma coluna de aproximadamente dois metros de altura, na base da qual prisioneiros secretamente colocaram um pequeno recipiente com cinzas humanas. O administrador aceitou a homenagem porque imaginou que as águias representassem um símbolo nazista. Mas a águia é também símbolo nacional da Polônia, e para os prisioneiros as três aves levantando voo simbolizavam a liberdade dos três tipos de prisioneiros: homens, mulheres e crianças. Boniecki também criou uma tartaruga, para simbolizar a resistência por meio da lentidão do trabalho, e um lagarto mostrando seus dentes na direção dos guardas na entrada do campo. Esse memorial contém dois elementos que seriam típicos do gênero: o uso de materiais simbólicos e a criação de novos símbolos que seriam apropriados para alcançar a audiência. Uma linguagem simbólica dos memoriais do Holocausto, que a distingue da tradição dos memoriais para representar a morte em massa nas guerras, emergiu gradualmente nas duas décadas seguintes.

Numerosos memoriais do Holocausto contêm cinzas humanas em recipientes. Sobreviventes do campo de Buchenwald que voltaram para seus países levaram cinzas para com elas criar memoriais em diversas partes do mundo. Os símbolos judeus eram raros nos memoriais até os anos 1960, quando a dimensão judaica da tragédia começou a alcançar a esfera pública. Até então a maior parte dos memoriais se baseava nas cercas de arame farpado dos campos nazistas e nos triângulos usados para diferenciar prisioneiros.

O uso de símbolos, contudo, presume a intenção de invocar o que não está lá. No caso dos campos em si, esses símbolos são desnecessários. O próprio campo se tornou memorial, como aconteceu com Majdanek, o primeiro grande campo a cair nas mãos dos Aliados, em julho de 1944. Em novembro, o governo polonês declarou que o campo seria um "memorial em homenagem ao martírio do povo polonês e de outras nações". Nos campos em que nem todas as instalações foram destruídas, a necessidade de símbolos era menor. No campo de Gross Rosen, perto de Łódź, que ficou praticamente intacto, não há nenhuma escultura ou obra a simbolizar o Holocausto. Há somente um mausoléu.

Mas o campo de concentração e extermínio que remete diretamente ao Holocausto pela simples menção de seu nome, sem a necessidade de explicações, é sem dúvida Auschwitz. Sendo assim, Auschwitz é, dentre todos os memoriais do Holocausto, o mais poderoso, seu símbolo insuperável. Tudo isso, é claro, tem enormes motivações e consequências políticas.

Auschwitz

Por que Auschwitz se tornou o símbolo do Holocausto, na memória popular? Essa percepção é correta?

Auschwitz funciona como uma espécie de "capital do Holocausto", como a classificou o historiador americano Peter Hayes.[4] Dessa forma, monopoliza a memória do genocídio. A iconografia do Holocausto se tornou intimamente relacionada à iconografia de Auschwitz. Campos de concentração, câmaras de gás, fornos crematórios, os trilhos de trem, os vagões carregados de judeus chegando a sua plataforma – essas são as imagens que formam o conhecimento popular do Holocausto.

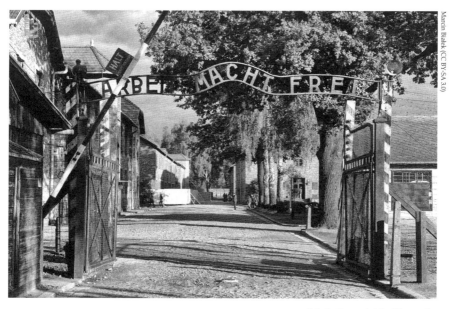

"*Arbeit macht frei*", ou "o trabalho liberta", inscrição sarcástica na entrada (em foto atual) do campo de Auschwitz, que se tornaria o símbolo do extermínio judeu pelos nazistas.

A infame inscrição na entrada do campo, *Arbeit macht frei* (o trabalho liberta), tornou-se o exemplo da dominância de Auschwitz na memória popular, embora essa mesma inscrição tenha sido colocada primeiro no campo de concentração de Dachau, na Alemanha.

Mais de 44 milhões de pessoas já visitaram Auschwitz desde 1945. Até 2007, o número de visitantes anuais oscilava entre 500 mil e 600 mil. A partir daquele ano, saltou para 1 milhão, e o recorde até agora é de 2018, com 2,5 milhões. Seus 300 guias são capazes de explicar o que houve ali para falantes de 19 idiomas diferentes. A maioria dos campos não recebe tantos visitantes nem tem um museu dedicado aos turistas.

Alguns importantes historiadores, como o britânico Laurence Rees, afirmam que, "por meio de seu dinamismo destrutivo", Auschwitz é "o símbolo físico dos valores fundamentais do Estado nazista".[5] Yisrael Gutman, ele mesmo um sobrevivente de Auschwitz e um dos mais importantes historiadores do Yad Vashem, o memorial oficial do Holocausto em Israel, escreveu que Auschwitz "ilumina a totalidade da máquina de extermínio nazista".[6]

Auschwitz foi construído inicialmente como um campo de trânsito num antigo acampamento militar polonês na cidade de Oświęcim, na Alta Silésia, território polonês ocupado pela Alemanha. Sob o comando de Rudolf Höss, transformou-se em campo de trabalho forçado e de extermínio em massa. A ele se somaram 45 subcampos, numa área de 40 quilômetros quadrados. Foi essa estrutura imensa que acabou por impedir que fosse completamente destruída pelos nazistas ao final da guerra, como fizeram com outros campos na intenção de apagar os rastros de seus crimes. A relativa preservação de Auschwitz foi essencial para transformá-lo em memorial.

Ademais, como os demais campos praticamente desapareceram, é como se fossem menos importantes. Auschwitz tornou-se

O HOLOCAUSTO COMO DISCURSO POLÍTICO

o único elemento tangível entre a memória do Holocausto e a história do massacre.

Embora milhares de judeus tenham trabalhado como escravos em Monowitz (Auschwitz III) ou em outros vários subcampos, o centro de extermínio era Auschwitz-Birkenau (Auschwitz II). Foi em Auschwitz II que grande parte dos milhões de judeus assassinados no Holocausto foi morta em câmaras de gás. Mortes em massa por câmaras de gás aconteceram também em Chełmno, Treblinka e Sobibor, aos milhares, mas nada se compara a Auschwitz, que podia matar 12 mil prisioneiros por dia e tinha capacidade para acomodar 2 mil prisioneiros de uma vez e matá-los em 15 minutos. Uma eficiência impressionante.

O comandante de Auschwitz, Rudolf Höss, no Julgamento de Nuremberg (1945-1946), disse que lá morreram 3 milhões de pessoas, a maioria judeus. Estimativas atuais variam de 1,1 milhão a 1,3 milhão de mortos. Ou seja, quase 20% do total de mortos no Holocausto pereceu ali.

A maior parte dos prisioneiros de Auschwitz era de países da Europa ocidental, como França, Itália, Holanda e Alemanha. Já a grande maioria dos judeus poloneses mortos no Holocausto pereceu em outros campos antes de 1943, ano a partir do qual Auschwitz se tornou um campo de extermínio. O fato de que muitos dos cerca de 7 mil sobreviventes de Auschwitz eram de países da Europa ocidental explica em parte como suas memórias se espalharam com mais facilidade no Ocidente. Os judeus do Leste não puderam publicar nada depois da guerra pois estavam sob a tirania soviética. Assim, a história do Holocausto, num primeiro momento e durante bastante tempo, foi contada basicamente pelos sobreviventes ocidentais de Auschwitz, que acabou se tornando o centro do interesse dos historiadores europeus e americanos.

Novos e importantes historiadores, contudo, vêm contestando a centralidade de Auschwitz como símbolo do Holocausto.

203

HOLOCAUSTO E MEMÓRIA

O americano Timothy Snyder, por exemplo, entende que Auschwitz é "apenas o começo do conhecimento". Como Snyder salienta, quando os judeus ocidentais de Auschwitz começaram a ser exterminados, os judeus do Leste europeu já haviam sido quase todos mortos, e aquilo que se conhece como Holocausto "já estava praticamente concluído". E o historiador acrescenta: "O que sabemos sobre Auschwitz construiu nosso entendimento sobre o Holocausto".[7]

Considerando-se sua quantidade relativamente grande de sobreviventes, quando se compara com outros campos do Leste, Auschwitz foi uma exceção. A regra era a aniquilação total. A despeito disso, a quantidade de mortos em Auschwitz, cerca de 20% do total, de certa forma justifica a poderosa simbologia em torno do campo. A questão é que 80% dos mortos no Holocausto não pereceram lá. Isso dá algo em torno de 5 milhões de pessoas.

Assim, se Auschwitz é considerado o centro do Holocausto, ignora-se o resto – e ignora-se que o Holocausto começou muito antes, com as deportações e os guetos, frequentemente esquecidos ou pouco destacados, exceção feita ao de Varsóvia, graças ao heroico levante judeu ali realizado, em 1943.

Dois terços das vítimas do Holocausto eram judeus do Leste (2,9 milhões de poloneses e 1 milhão de soviéticos). Em Auschwitz, morreram 300 mil judeus poloneses, 10% do total de judeus poloneses mortos. Como vimos, o campo era basicamente ocupado por judeus ocidentais.

Ademais, e isso é o mais importante, Auschwitz não era propriamente um campo de extermínio. Os campos exclusivamente de extermínio eram Bełżec, Sobibor e Treblinka. Faziam parte da chamada Aktion Reinhardt, operação deflagrada em 1943 que tinha como objetivo exterminar os judeus poloneses. Nesses campos, 99% dos que chegavam eram mortos quase imediatamente. Em Auschwitz isso não acontecia. Naqueles

204

campos, entre 1,5 milhão e 2 milhões de judeus foram mortos; sobreviveram apenas 150.[8]

Considerar Auschwitz e suas câmaras de gás símbolos do Holocausto implica também colocar em segundo plano os judeus mortos de outras maneiras, fora de campos de concentração e extermínio. E ignora todo o processo de destituição da humanidade dos judeus, a partir das Leis de Nuremberg, implantada pelos nazistas em 1935 para retirar dos judeus seus direitos como cidadãos na Alemanha – primeiro passo para o genocídio.

E é impossível, ademais, mensurar a quantidade de mortos nos guetos, tomados pela fome e pelas doenças, ou simplesmente executados em centenas de cidades no Leste Europeu. Nada disso passa por Auschwitz.

O fato, contudo, é que Auschwitz está consolidado na memória popular como o maior símbolo do Holocausto – e isso tem importantes implicações, especialmente na Polônia, que ainda lida muito mal com esse passado.

* * *

Nos anos 1950 e 1960, sob o regime comunista, a memória do Holocausto judeu na Polônia foi diluída num discurso de "internacionalização" das vítimas. No Memorial de Auschwitz, aberto já em 1947 no recém-libertado campo nazista na Polônia, o termo "judeu" mal é mencionado. Ao mesmo tempo, o Holocausto foi gradualmente sendo retrabalhado sob um enfoque especificamente polonês, com o genocídio dos judeus poloneses frequentemente apresentado como parte de uma tragédia étnica polonesa. Os milhões de judeus mortos em campos nazistas na Polônia passaram a ser os milhões de poloneses assassinados. Tal versão alimentou a tese nacionalista polonesa segundo a qual os poloneses foram o povo que mais sofreu na guerra. Já

205

a colaboração de poloneses no Holocausto é tratada como algo marginal e insignificante, equivalente ao que aconteceu em outros países europeus.

Essa questão tornou a ficar em evidência com a aprovação, em 2018, de uma lei que criminalizava a simples sugestão de que a Polônia tenha sido cúmplice do Holocausto. Segundo o partido ultranacionalista Lei e Justiça, sob cujo governo a lei foi formulada, a iniciativa era necessária para mostrar que os poloneses foram vítimas, e não agressores na guerra. Conforme a norma aprovada, passou a ser crime referir-se aos campos de extermínio nazistas na Polônia como campos "poloneses". A lei, mais tarde suavizada após as muitas críticas, era vaga o bastante para criminalizar qualquer discurso que contrariasse a narrativa oficial sobre o martírio polonês na guerra. Para os nacionalistas, os poloneses foram tão vítimas do nazismo quanto os judeus.

O Memorial de Auschwitz, o maior monumento sobre o Holocausto, reflete essa leitura. Com fina ironia, o historiador polonês Witold Kula, a propósito dessa apropriação do Holocausto pelos poloneses, escreveu em seu diário em 1970: "Antes, os judeus eram invejados por seu dinheiro, por suas qualificações, posições e contatos internacionais. Hoje, são invejados pelos mesmos fornos crematórios que quase os aniquilaram".[9]

Nos anos 1980, a Igreja Católica e a ala esquerda do movimento sindical Solidariedade começaram a resgatar a memória do Holocausto judeu. Um artigo do respeitado historiador e crítico literário polonês Jan Błoński, intitulado "Os pobres poloneses olham para o gueto", publicado em 1987 na revista *Tygodnik Powszechny* (O Semanário Católico), levantou complexas questões na época. Em resumo, apontava a dificuldade dos poloneses de reexaminar seu comportamento durante a guerra em razão do fato de que se viam a si mesmos como vítimas primárias da ocupação alemã e, portanto, incapazes de qualquer mal. O artigo causou furor e ódio ao ser publicado.

Pouca coisa mudou de lá para cá, mas um crescente número de intelectuais começou a discutir os aspectos pouco lisonjeiros do comportamento dos poloneses na guerra e a desafiar o cânon histórico. No ano 2000, saiu o livro *Neighbors* (Vizinhos), do historiador polonês-americano Jan Tomasz Gross, um marco fundamental dessa rediscussão. Gross enfrentou o mais extremo aspecto do passado sombrio polonês ao elaborar uma descrição detalhada e profunda de um caso específico, ocorrido na cidadezinha de Jedwabne em 10 de julho de 1941. Em colaboração com a Gestapo, a polícia política nazista, moradores não judeus de Jedwabne e de cidades vizinhas participaram do massacre de pelo menos 340 judeus – homens, mulheres e crianças – depois de uma orgia de humilhações e violência. A horda de assassinos trancou cerca de 300 judeus em um celeiro e ateou fogo.

O livro de Gross levanta questionamentos sobre a imagem de vítimas dos poloneses, a responsabilidade pelos assassinatos e a própria historiografia. Primeiro, documentou um massacre cometido por poloneses, tradicionalmente qualificados como observadores do genocídio dos judeus, e não por nazistas, vistos sempre como os únicos algozes. Depois, Gross desafiou a tradicional imagem dos poloneses como mártires e heróis ao mostrá-los como assassinos cruéis. Foi um trabalho corajoso de desafio à memória oficial.

O livro de Gross pautou um crescente interesse na Polônia pelo assunto. Envolveu até o governo, o que mostra engajamento de parte considerável da sociedade polonesa nesse autoexame sobre seu papel na guerra. Para Gross, era preciso reconhecer que os poloneses passaram muitos anos vivendo uma mentira. Em pronunciamento para relembrar as vítimas do massacre de Jedwabne, em 10 de julho de 2001, o então presidente polonês, Aleksander Kwaśniewski, declarou: "Graças ao grande debate nacional sobre o crime de 10 de julho de 1941, muita coisa mudou em nossas vidas neste ano de 2001, o primeiro ano do novo milênio. Nós assumimos as responsabilidades por nossas atitudes nas páginas negras de nossa história. Percebemos que aqueles que aconselharam a nação a rejeitar esse passado serviram mal à nação. Tal atitude leva à destruição moral. Expressamos nossa dor e vergonha e expressamos nossa determinação em aprender a verdade".[10]

A despeito dessa evolução, a questão polonesa na Segunda Guerra está muito longe de ser pacificada, como mostram as iniciativas nacionalistas – que, sem disfarçar o antissemitismo característico, continuam a acusar os judeus de "lucrar" com o Holocausto e de se mancomunar com inimigos da Polônia para constranger os poloneses.

Nesse sentido, a ambiguidade do Memorial de Auschwitz a respeito do caráter majoritariamente judeu das vítimas do extermínio ali perpetrado ajuda a colocar em dúvida não a existência do Holocausto em si, já que isso é impossível, mas o fato de que o objetivo primário dos nazistas, mantido até o último dia da guerra, era eliminar os judeus da face da Terra. Essa relativização está longe de ser uma exclusividade polonesa; como veremos a seguir, a apropriação da imagem do Holocausto por todos aqueles que se julgam vítimas de violência e de injustiças em geral tornou-se uma estratégia política para todos os gostos.

A QUEM PERTENCE O HOLOCAUSTO?

Em contraste com muitos relatos do Holocausto que concebem o evento em termos "universais", como prova do que "o homem é capaz de fazer ao homem", é preciso argumentar que esse tipo de reivindicação obscurece o fato essencial de que o genocídio cometido pelos nazistas foi um fato específico, em que um grupo específico atacou outro grupo específico. Transpor

O HOLOCAUSTO COMO DISCURSO POLÍTICO

esse aspecto particular para um ângulo "humano", abstrato, pode ter uma certa força, mas também traz o risco de se perder de vista a essência da origem do evento. É assim que vários grupos reivindicam o Holocausto para si, tirando sua singularidade judaica. É assim que o Holocausto acontece duas vezes: ao se negar a característica histórica que liga indelevelmente o Holocausto aos judeus de modo singular, repete-se a própria mecânica do Holocausto, que negou aos judeus sua particularidade e, no limite, sua própria existência.

O termo "genocídio" e suas implicações são tão comuns no discurso corrente que seria difícil imaginar um mundo no qual estivessem ausentes. Mas usar o Holocausto como referência para qualquer outro genocídio retira suas características históricas, descontextualizando-o. Assim, o Holocausto se torna uma espécie de símbolo a-histórico do mal absoluto. Há até mesmo uma estética da atrocidade, em que a imagem dos campos de concentração nazistas, dos montes de cadáveres, dos prisioneiros emaciados e do arame farpado é usada para ilustrar qualquer denúncia contemporânea, inventando-se semelhanças com o Holocausto, que quase varreu os judeus europeus da face da Terra. Assim, o Holocausto deixa de ser um evento concreto e se transforma em metáfora – quase sempre política.

Tome-se o exemplo do grupo de defesa dos direitos dos animais People for the Ethical Treatment of Animals (Peta), conhecido por chocar a audiência para chamar a atenção para sua causa. Em 2004, o grupo lançou uma campanha intitulada "Holocausto no seu prato", em que cartazes de rua usavam fotos de judeus emaciados, prisioneiros de campos nazistas, ao lado de fotos de animais em condições supostamente degradantes, em estado físico semelhante ao dos prisioneiros. Em uma dessas peças, se diz que "durante sete anos, entre 1938 e 1945, 12 milhões de pessoas pereceram no Holocausto", enquanto denuncia que "o mesmo número de animais é morto a cada quatro horas

209

para se tornar alimento apenas nos Estados Unidos". À parte a discutível contabilidade do Holocausto – ao dizer que são "12 milhões" de mortos, a partir de 1938, e não 6 milhões de mortos, sobretudo a partir de 1942, a campanha retira completamente os judeus como principais vítimas da tragédia –, a Peta conseguiu passar a mensagem segundo a qual o "Holocausto" animal é mais significativo que o humano. Havia diversos outros cartazes de conteúdo igualmente ultrajante.

Em sua defesa, a Peta informou que a campanha foi criada por um de seus colaboradores judeus e financiada por doadores judeus – como se isso tornasse automaticamente legítima a ofensa. E, na opinião de seus representantes, aqueles que comem carne têm a mesma mentalidade que ensejou o Holocausto.

A ideia subjacente a esse discurso é enfatizar o caráter maléfico do inimigo a ser denunciado e exposto, mas essa estratégia, largamente utilizada nas circunstâncias e com os propósitos os mais diversos, mostra a centralidade do Holocausto como uma ideia de representação do mal absoluto na sociedade contemporânea. Pouco importa se a morte de galinhas em larga escala não tenha nada a ver com a demonização sistemática de um povo, sua exclusão da sociedade, a tortura de homens, mulheres, crianças e idosos completamente inocentes, e finalmente a aniquilação desse povo em campos construídos para esse fim, que só não foi plenamente atingido porque a guerra terminou antes.

A banalização do Holocausto não é apenas uma ofensa aos judeus em geral, mas particularmente aos milhões de mortos e àqueles que arriscaram suas vidas para tentar salvar os judeus. "A palavra 'holocausto' se tornou tão banal que não posso mais usá-la", disse Elie Wiesel, um dos principais porta-vozes dos sobreviventes. "Qualquer infortúnio agora é chamado de 'holocausto'. Eu vi na TV um comentarista dizer que a derrota de um time havia sido um 'holocausto'."[11]

210

O HOLOCAUSTO COMO DISCURSO POLÍTICO

É relativamente fácil desmontar qualquer comparação nesse sentido, pois é óbvio que não estão presentes, naquilo que se pretende nomear de "holocausto", os elementos característicos da Solução Final e que tornam o Holocausto único. Mesmo assim, o termo continua a ser amplamente utilizado, e nem sempre de má-fé.

Em 1989, o então senador democrata Al Gore, conhecido e respeitado militante da causa ambiental, publicou um artigo no jornal *The New York Times* intitulado "Uma Noite dos Cristais Ambiental" – numa referência à *Kristallnacht*, o *pogrom* contra os judeus alemães promovido pelos nazistas em 1938, em que lojas e sinagogas foram destruídas (e suas janelas, quebradas – daí o nome), um prenúncio do Holocausto. No texto, Gore conclama a humanidade a levar a sério as advertências sobre as mudanças climáticas: "As evidências são tão claras quanto os sons dos vidros estilhaçados em Berlim".[12]

Outro tema frequentemente comparado ao Holocausto é o aborto. "Hitler queria eliminar o povo judeu e dizem que ele chegou a matar 6 milhões de judeus. Por que nós vamos ficar em silêncio quando estão acontecendo 50 milhões de abortos no mundo?", questionou dom José Cardoso Sobrinho, arcebispo emérito da Arquidiocese de Olinda e Recife, em 2009, no auge da polêmica que se seguiu à sua decisão de excomungar a mãe que permitiu que sua filha de 9 anos, grávida como resultado de um estupro, fosse submetida a um aborto.[13] Nos Estados Unidos, em 2007, durante a campanha republicana para a escolha de seu candidato à presidência nas eleições do ano seguinte, o postulante Mike Huckabee disse que a necessidade de "importar tanta gente para nossa força de trabalho" – uma referência ao tema da imigração – talvez tivesse conexão com o fato de que, "nos últimos 35 anos, nós abortamos mais de 1 milhão de pessoas que estariam em nossa força de trabalho caso não tivéssemos provocado o holocausto da liberação do aborto *(holocaust of liberalized abortion*, no original) em razão de uma decisão falha da Suprema Corte em 1973".[14]

Há também menções ao perigo de um "holocausto nuclear", em que a palavra "holocausto" claramente serve para chamar a atenção para o risco de uma catástrofe em razão do uso de armas nucleares. Em 2007, o então presidente dos Estados Unidos, George W. Bush, disse que "o Irã, ao buscar tecnologia que lhe permita obter armas nucleares, ameaça colocar o Oriente Médio, já conhecido por sua instabilidade e violência, sob a sombra de um holocausto nuclear".[15] Até mesmo quem ameaça usar armas nucleares faz referência à possibilidade de um "holocausto", como foi o caso do governo norte-coreano repetidas vezes desde 2003, quando se soube que aquele regime totalitário havia dominado o processo para a fabricação de um arsenal nuclear.

O Holocausto também é usado para ilustrar os riscos inerentes ao hábito de fumar – cujas doenças e mortes associadas são classificadas pelos ativistas antitabaco de "holocausto silencioso". Nos Estados Unidos, vários pesquisadores usam essa imagem para enfatizar os problemas derivados do tabaco. Um deles é Robert Proctor, historiador da Universidade de Stanford, autor do livro *Golden Holocaust* (Holocausto dourado), em que descreve os "pecados" da indústria tabagista. Outro caso é o do pesquisador da Universidade da Califórnia Michael Rabinoff, autor de *Ending the Tobacco Holocaust* (Pondo fim ao Holocausto do tabaco), livro que também denuncia os fabricantes de cigarro. A comparação, obviamente, é ofensiva, porque no Holocausto os judeus não morreram de doenças derivadas de um hábito; eles foram assassinados em massa.

A exploração política do impacto do Holocausto no imaginário mundial é particularmente acentuada no discurso dos militantes de direitos humanos. A sucessão de crimes relacionados à homofobia, por exemplo, já foi classificada de "holocausto gay" por ativistas brasileiros. O mesmo expediente já foi usado pelo movimento negro: em 2014, o Conselho Federal da Ordem dos Advogados do Brasil (OAB) criou uma Comissão Nacional da Verdade da Escravidão Negra no Brasil, cujo objetivo era investigar "a tragédia e o holocausto do povo negro, do povo africano no Brasil, e a partir daí se possa buscar com mais firmeza a aplicação de políticas de ação afirmativa, para que os brasileiros que estão em uma situação de cidadãos de segunda classe partam para a verdadeira igualdade", segundo informou o advogado e ativista Humberto Adami, presidente do Instituto da Advocacia Racial e Ambiental.[16] Em setembro de 2007, numa audiência da Comissão de Cultura da Câmara dos Deputados em que se discutia a necessidade de instaurar o Dia Nacional da Lembrança do Holocausto, a então ministra dos Direitos Humanos, Luislinda Dias de Valois Santos, declarou: "Quando eu vi aqui no Brasil o que se estava fazendo, em 2010, com o povo preto, pobre, da periferia, homossexual, LGBT, de um modo geral, o que eu fiz? Eu disse que: o holocausto havia se instalado aqui no Brasil. E é muito ruim falar nessa palavra, é muito dura". A ministra contou então que foi visitar campos de concentração na Europa e, segundo ela, o que viu ali confirmou "que o holocausto do nosso povo preto, do nosso povo pobre, do nosso povo da periferia, LGBT, e por aí vai, se instalou aqui no Brasil".[17]

O Holocausto é tão poderoso, como imagem e mensagem, que se presta a objetivos políticos até mesmo para alguns judeus. O grupo religioso israelense Ohr Somayach publicou um artigo em fevereiro de 2019 em que qualifica a assimilação de judeus e o casamento misto, de judeus com não judeus, de "holocausto silencioso", que "ameaça a própria existência e a continuação do povo judeu".[18]

Outro exemplo, este realmente chocante, foi dado em agosto de 2005, quando o governo de Israel, então liderado pelo premiê Ariel Sharon, mandou retirar os colonos israelenses de Gaza, território que seria entregue aos palestinos. Os colonos, revoltados, fizeram-se passar por judeus perseguidos por nazistas: alguns tatuaram seus números de identificação nos braços, como os prisioneiros dos campos de concentração, e os exibiram aos policiais israelenses quando estes lhes pediram os documentos; outros vestiram seus filhos com pijamas listrados, imitando a vestimenta dos campos nazistas, e os fizeram usar estrelas amarelas na roupa, exatamente como aconteceu a seus antepassados nos guetos do Leste Europeu durante a ocupação nazista.

Em entrevista ao jornal britânico *The Telegraph*, a colona Ruth Matar, de 75 anos, sobrevivente do Holocausto, comparou aquele momento com o dia em que ela e sua família foram arrancadas de casa pelos nazistas, na Áustria: "Quando eu tinha 8 anos de idade, os policiais nazistas que haviam invadido minha casa aos chutes espancaram minha mãe só porque ela queria voltar para pegar agasalhos para os filhos. Bem, não há nenhuma diferença para o que está acontecendo agora, exceto que agora quem está invadindo as casas e arrancando as pessoas de lá são policiais judeus".[19]

Essa comparação grotesca não difere, em essência, dos abusos da memória do Holocausto para fins políticos em qualquer outra circunstância. Mas, no caso dos judeus e de Israel, essa exploração ganha significado especial e tem implicações obviamente mais delicadas, porque, afinal, o Holocausto é uma tragédia judaica. No próximo e último capítulo, veremos como Israel lida com essa complexa memória.

NOTAS

[1] Celso Lafer, "Parecer: o Caso Ellwanger: antissemitismo como crime da prática de racismo", disponível em <https://bit.ly/2XvX2FG>, acesso em 23 mai. 2018.

[2] "Holocaust Denial Trial. Evans: David Irving, Hitler and Holocaust Denial", disponível em <https://www.hdot.org/evans/#>, acesso em 14 dez. 2018.

[3] "When Will Anne Frank Enter Public Domain?", *Forward*, 26 out. 2015, disponível em <https://forward.com/culture/books/323068/when-will-anne-frank-enter-the-public-domain/>, acesso em 14 mai. 2018.

O HOLOCAUSTO COMO DISCURSO POLÍTICO

4 Peter Hayes, "Auschwitz, Capital of the Holocaust", em *Holocaust and Genocide Studies*, outono 2003, p. 331.

5 Lauerence Rees, *Auschwitz: The Nazis and The Final Solution*, Londres, BBC Books, 2005, p. 8.

6 Israel Gutman e Michael Berenbaum (eds.), *Anatomy of the Auschwitz Death Camp*, Bloomington, Indiana University Press, 1998, p. VII.

7 Timothy Snyder, "The Ignored Reality", em *The New York Review of Books*, 16 jun. 2009.

8 J. Caplan e Nikolaus Wachsmann (eds.), *Concentration Camps in Nazi Germany: The New Histories*, Nova York, Routledge, 2009, p. 153.

9 Aleida Assmann e Sebastian Conrad (eds.), *Memory in a Global Age: Discourses, Practices and Trajectories*, Londres, Palgrave, 2010, p. 138.

10 Antony Polonsky e Joanna B. Michlic (eds.), *The Neighbors Respond: The Controversy over the Jedwabne Massacre in Poland*, New Jersey, Princeton University Press, 2004, p. 130.

11 Asher Cohen, Joav, Gelber e Charlotte Wardi (eds.), *Comprehending the Holocaust*, Frankfurt, Peter Lang, 1988, p. 13.

12 Al Gore, "An Ecological Kristallnacht. Listen", em *The New York Times*, 19 mar. 1989, p. 2.

13 "Entrevista de Dom José Cardoso Sobrinho", *Montfort Associação Cultural*, disponível em <http://www.montfort.org.br/bra/imprensa/brasil/20090315/>, acesso em 17 dez. 2019.

14 "Huckabee Likens Abortion to a Holocaust", CNN, 21 out. 2007, disponível em <https://cnn.it/2ZCJ0Ef>, acesso em 25 out. 2018.

15 "President Bush Addresses the 89th Annual National Convention of the American Legion", The White House, disponível em <https://bit.ly/2IGXuxq>, acesso em 28 ago. 2018.

16 "OAB cria comissão para investigar escravidão de negros no Brasil", *Agência Brasil*, disponível em <https://bit.ly/1phJzPu>, acesso em 3 nov. 2018.

17 Registro taquigráfico da audiência na Comissão de Cultura da Câmara dos Deputados, disponível em <https://bit.ly/2vs3otv>, acesso em 28 out. 2018.

18 Yimiyahu Ullman, "Living the Land", *Ohr Somayach*, 23 fev. 2019, disponível em <https://ohr.edu/8265>, acesso em 17 dez. 2019.

19 "Settlers Evoke Images of the Holocaust as Israeli Forces Move in to Clear Them from Gaza", *The Telegraph*, 14 ago. 2005, disponível em <https://bit.ly/2IXiyiu>, acesso em 10 mar. 2019.

215

ISRAEL E O HOLOCAUSTO

A guerra entre árabes e israelenses, e especialmente entre palestinos e israelenses, é uma guerra sobre o passado. Muitos palestinos fazem uma leitura maliciosa da história judaica, assim como muitos israelenses o fazem em relação à história árabe e palestina. Há árabes e muçulmanos que negam o Holocausto porque, em sua visão, os judeus usam o genocídio como pretexto para justificar a existência de Israel. Do mesmo modo, há israelenses que não reconhecem a importância e o significado do sofrimento dos palestinos sob sua ocupação. Essa dupla negação impossibilita qualquer forma de acordo duradouro.

Entre os palestinos ditos moderados, não há propriamente negação do Holocausto, mas há uma tentativa de mostrar que não foram apenas os judeus as vítimas e que, portanto, nada justifica que os judeus tenham sido "premiados" com um Estado, e os palestinos, que lá viviam, tenham sido preteridos. "Não tivemos um Holocausto que nos protegesse com a compaixão do mundo", lamentou o intelectual e ativista palestino Edward Said.[1]

Para os palestinos, seu destino em relação a Israel é o mesmo dos judeus em relação aos nazistas. Segundo essa narrativa, Israel age contra os palestinos como os nazistas agiam contra os judeus, o que é uma dupla ofensa – à história e à memória dos milhões de judeus mortos. Tornou-se lugar-comum classificar o território de Gaza como um "campo de concentração a céu aberto", graças ao cerco israelense.

Pouco importa que, enquanto os palestinos sofrem as agruras da ocupação, os judeus foram queimados em fornos. E também pouco importa que vários líderes árabes tenham se alinhado à Alemanha nazista durante a guerra, alguns com a intenção declarada de ajudar Hitler a aniquilar os judeus. Uma leitura geopolítica dessa aproximação, feita por árabes moderados, é que a aliança com a Alemanha era tática, pois visaria hostilizar o Reino Unido, que controlava a Palestina. Difícil acreditar que tamanho pragmatismo não tivesse nada a ver com o objetivo comum entre os nacionalistas árabes e os genocidas nazistas de eliminar os judeus da face da Terra.

Assim, os palestinos se consideram vítimas do Holocausto, pois este, de fato, ajudou os sionistas, que, na visão árabe, ganharam Israel como compensação europeia pelo massacre, à custa de terras árabes. O fato, porém, é que o sionismo existia muito antes do nazismo – foi um movimento nacionalista iniciado no século XIX em resposta às perseguições na Europa e na Rússia. Ademais, quando a ONU criou Israel, em 1948, quase toda a estrutura burocrática e política do Estado judeu já estava presente havia alguns anos, fruto da entrada paulatina de judeus desde o início do século XX, enquanto as instituições de um Estado palestino inexistiam, por absoluto desinteresse árabe na formação desse Estado.

218

A discussão sobre a memória do Holocausto na formação de Israel assume, assim, diversas dimensões – políticas, históricas, sociais e psicológicas. Por mais que os nacionalistas israelenses possam pretender justificar a existência de Israel por si mesmo, é incontornável o debate acerca do peso do Holocausto sobre o país, seja a propósito de sua fundação, seja a respeito de sua influência sobre a mentalidade nacional.

* * *

O sofrimento dos judeus ao longo da história é, paradoxalmente, seu grande triunfo, conforme a tradição bíblica. "A vitimização, seja espiritual ou física, moral ou política, é facilmente transformada, na memória e na história, em um momento de vitória", ponderou Martin Jaffee, professor emérito da Universidade de Washington, especialista em religião e judaísmo rabínico, em artigo sobre a comunidade de vítimas e o ritual do Holocausto. "Ou seja, quando transformada pela imaginação religiosa em mito, a experiência da vitimização pode conferir uma espécie de santidade e poder à vítima." Em histórias construídas em torno de desastre e destruição, prossegue Jaffee, "a vítima é sempre vítima e vitoriosa, que sempre é destruída, mas sempre renasce de uma forma que supera o algoz". O assassinato da vítima "torna-se o sacrifício sagrado, e esse sacrifício sagrado se torna a redenção da vítima, o veículo último do empoderamento da vítima" – cujo principal beneficiário, diz Jaffee, é a comunidade, que se percebe como o testemunho histórico da degradação da vítima e sua subsequente transcendência, como o corpo histórico cuja própria existência preserva e revive o momento de degradação e transfiguração.[2]

Nesses termos, o Holocausto e seus milhões de mortos estão e estarão sempre presentes em Israel, e a ligação entre os dois eventos permanece indissolúvel. O Holocausto está tanto no discurso como nos silêncios de Israel; na vida e nos pesadelos de centenas de milhares de sobreviventes que se instalaram em Israel; na legislação, nas orações, nas cerimônias, nos tribunais, nas escolas, na imprensa, na poesia, nas inscrições em lápides, nos monumentos, nos livros. Através de um processo dialético de apropriação e exclusão, lembrando e esquecendo, a sociedade israelense se definiu em relação ao Holocausto: ela se considera tanto herdeira das vítimas quanto acusadora, expiando seus pecados e redimindo sua morte.

A outorga metafórica da cidadania israelense, já nos primeiros dias do novo Estado, para os 6 milhões de judeus assassinados refletiu de forma eloquente a presença histórica, material, política, psicológica e metafísica desses mortos na coletividade israelense. Não houve nenhuma guerra em Israel, desde sua fundação, em 1948, que não tenha sido percebida, definida e conceituada em termos do Holocausto.

Auschwitz, como a personificação do mal total e definitivo, foi, e ainda é, invocado para questões militares e de segurança e dilemas políticos que a sociedade israelense se recusou a confrontar, transmutando assim Israel em uma entidade a-histórica, numa zona cinzenta apolítica, na qual Auschwitz não é um evento passado, mas um presente ameaçador e permanente. Por meio da imagem de Auschwitz, que se tornou, ao longo dos anos, a principal referência de Israel em suas relações com um mundo definido repetidamente como antissemita e sempre hostil, Israel vem se tornando imune à crítica e impermeável a um diálogo racional com o mundo à sua volta. Além disso, embora insistindo, e com razão, na natureza única do Holocausto, Israel, por causa de seu uso indiscriminado e fora de contexto dessa terrível tragédia, tornou-se um excelente exemplo de desvalorização do significado e da enormidade do Holocausto.

220

Essa dicotomia conceitual se destina a alimentar o processo simbólico que depois será aplicado sempre ao campo das muitas batalhas que Israel luta, internas e externas: é o confronto entre o novo judeu e o velho judeu: o novo é o emergente Israel e seu espírito heroico e livre, disposto a entregar a vida para manter sua independência e seus valores contra quem quer que seja; o velho, por sua vez, é o hesitante, o que prefere a negociação com o inimigo para ganhar tempo na expectativa de que tudo melhore.

Assim, estabeleceu-se, em Israel, que a morte dos judeus nos guetos e nos campos nazistas não era uma morte bela como a dos soldados israelenses a defender a terra dos judeus contra os árabes, que estavam por todos os lados. Em 1951, quando se estabeleceu em Israel o Yom HaShoah, Dia de Recordação do Holocausto e do Heroísmo, o principal objetivo era exaltar o heroísmo dos combatentes e rebeldes que pegaram em armas, ao contrário e em detrimento de todas as outras formas de resistência e sobrevivência tipicamente judaicas – especialmente a negociação. Como tal, o dia foi inserido no calendário nacional do Estado israelense entre o Pessach (a "páscoa" judaica), que significa a liberdade do povo judeu, e o Dia da Independência, englobando, assim, toda a história do renascimento nacional de Israel, aproveitando uma potente combinação de mitologias religiosas e nacionais.

* * *

A existência de Israel se justifica, entre outras coisas, pela necessidade de expor Auschwitz ao mundo. Esse foi um dos papéis que lhe foram atribuídos e a justificativa para seu estabelecimento – dar aos sobreviventes uma voz, criar um espaço para suas vidas e suas histórias. O Estado de Israel deveria fornecer a estrutura verbal e legal para o grito dos sobreviventes por ajuda e por suas reivindicações. No entanto, os primeiros estadistas israelenses, como David Ben Gurion, polonês que vivia na Palestina desde 1906, consideravam o Holocausto como resultado da vida judaica no exílio, isto é, como consequência da ilusão de que era possível assimilar-se; como tal, representava uma diáspora que merecia não só ser destruída, mas também esquecida. Por outro lado, o Estado também reconheceu sua "dívida" para com o Holocausto: afinal, o massacre dos judeus europeus parecia provar o ditame sionista segundo o qual sem um Estado e sem poder para se defender, os judeus no exílio sempre seriam vulneráveis a exatamente esse tipo de aniquilação. Como resultado, os primeiros líderes israelenses encontraram poucas razões para recordar o Holocausto senão como justificativa política.

Atos de lembrança do Holocausto eram poucos e esporádicos. A comemoração estatal, as publicações oficiais, a literatura, a historiografia e os manuais escolares celebravam, quando muito, apenas os poucos lutadores do Gueto de Varsóvia. Em um livro de 220 páginas de história judaica publicado em 1948, apenas uma página foi dedicada ao Holocausto, em comparação com dez páginas sobre as guerras napoleônicas.

Os fundadores do novo Israel pretendiam recomeçar a história do zero. Ao apagar a vergonha de suas mães e pais, a vergonha dos judeus, a desgraça da diáspora judaica, eles acreditavam que estavam inaugurando uma nova era e se reinventando em um novo mundo. Para isso, era preciso o quanto antes proceder a uma profunda "limpeza" do passado – e um dos símbolos desse esforço foi a Lei de Punição dos Nazistas e dos Colaboradores do Nazismo, aprovada pelo Parlamento israelense logo no segundo ano do novo Estado, em 1950. A lei foi criada para fornecer ao Estado meios para levar à Justiça um punhado de "colaboradores" entre os próprios sobreviventes judeus. Era preciso apaziguar a repulsa da sociedade israelense pela conduta de alguns judeus durante o Holocausto, e para isso o Estado introduziu uma anomalia no seu código legal, não para confrontar o nazismo, mas para apagar a vergonha que o novo Israel sentia dos judeus que se permitiram ajudar os nazistas em troca de mais alguns dias de vida.

No fundo, o problema é que, como vimos, todos os sobreviventes, de um modo ou de outro, carregam o fardo da culpa por ter sobrevivido, quando o destino de todos eles era ter perecido no Holocausto. Condenar qualquer um deles por "colaboração" é de uma injustiça flagrante: uma lei promulgada para punir "criminosos de guerra" e perpetradores de "crimes contra a humanidade" na prática visava punir os próprios judeus, eles mesmos vítimas do Holocausto. Para contornar o problema da retroatividade e da extraterritorialidade da lei proposta, os deputados israelenses passaram a considerar os crimes nazistas cometidos na Europa como se tivessem sido cometidos em território israelense. Essa hermenêutica, ainda que bem-intencionada, continha o germe do que mais tarde se tornaria o uso abusivo do Holocausto no discurso e na política israelenses.

Israel acabara de sair de uma sangrenta batalha pela sobrevivência – a primeira guerra árabe-israelense, de 1948, na qual havia perdido milhares de jovens homens e mulheres – e estava preocupado com a formidável tarefa da reconstrução nacional. Diante disso, os sobreviventes do Holocausto eram como fantasmas, os chamados "presentes ausentes".

Durante os anos 1950 e início dos anos 1960, cerca de quarenta julgamentos foram realizados sob essa lei. As acusações, provas e veredictos apresentaram uma imagem da devastação humana cotidiana do Holocausto. Eles expuseram o regime rotineiro de terror, opressão e abuso nos guetos e campos, onde o

HOLOCAUSTO E MEMÓRIA

caráter humano e a resistência moral dos detentos foram oblite-
rados muito antes de seus corpos serem consumidos, e trouxe à
luz o inferno existencial e moral criado pelos nazistas, o mundo
monstruoso de cabeça para baixo que transformou perseguidos
em perseguidores, vítimas em infratores relutantes e cúmplices
em sua própria opressão. Essas lembranças angustiantes e des-
concertantes nunca chegaram à memória nacional oficial de Israel
do Holocausto.

* * *

O projeto que resultou no estabelecimento do Yad
Vashem, o Memorial do Holocausto em Israel, em 1953, foi
acompanhado de um ensaio historiográfico do então ministro
da Educação, Ben-Zion Dinur, sobre a destruição sistemática
dos judeus europeus "por um regime legalmente estabelecido"
diante dos olhos do mundo inteiro e das nações entre as quais
esses judeus tinham vivido por séculos. A lei visava vincular
essa memória à pátria dos judeus, ao estabelecer um memorial
para cada judeu morto. A ideia de coletar os nomes de todos
aqueles que pereceram e registrá-los num arquivo, diz o texto,
de certa forma ressuscitaria a imagem de milhões de compatriotas mortos pelos nazistas. "Eles vão ficar lá e clamar por
vingança até o fim dos tempos", afirma Dinur no projeto. A
lei também estabeleceu o elo crucial e exclusivo entre a memória do Holocausto e o Estado de Israel, entre o Holocausto
e Jerusalém, o único lugar que poderia abrigar essa memória,
de acordo com a narrativa oficial israelense. Por essa razão, o
Yad Vashem foi erguido em Jerusalém, "o coração da nação, o
coração de Israel", conforme escreveu Dinur.[3]

Dinur mencionou os mortos, as comunidades judaicas destruídas, os heróis, os *partisans* e os rebeldes do gueto. Apenas

224

Israel e o Holocausto

Yad Vashem é o memorial oficial do Holocausto em Israel. De cima para baixo: o prédio principal; memorial destinado ao mais de 1 milhão de crianças judias mortas pelo nazismo; monumento em memória dos judeus deportados para os campos da morte; detalhe da escultura que homenageia o pedagogo Janusz Korczak, que morreu junto com as crianças de quem cuidava no Gueto de Varsóvia.

uma categoria não foi mencionada pelo ministro responsável pela lei de comemoração do Holocausto: os sobreviventes. Aqueles que experimentaram os horrores diretamente, que viviam em Israel aos milhares, que eram os portadores diretos de uma memória sem precedentes, a fonte principal, o bem mais valioso da memória do Holocausto, foram desconsiderados no Estado que deveria ser o lugar para reconstruir suas vidas despedaçadas. Dinur falou com reverência sobre cada fragmento de evidências "mortas" que haviam sido trazidas para Israel, "todo documento, toda lembrança, todo vestígio". Mas não reservou uma única palavra sobre os vivos, sobre suas vidas anteriores, sua cultura ou seu papel na luta sionista. A comemoração do Holocausto, que o Estado de Israel instaurou por força de lei, era uma memória sem lembranças.

No entanto, isso mudaria em 1961, com o julgamento do ex-oficial nazista Adolf Eichmann em Jerusalém. Esse julgamento, cujas sessões completas foram transmitidas ao vivo pela rádio nacional, mudou a face de Israel, ligando psicologicamente os jovens israelenses sem passado àquela história recente e revolucionando a percepção deles sobre si mesmos. Finalmente, o Holocausto seria olhado de frente – mas de uma perspectiva muito específica: de uma posição de poder, soberania e controle. Nesse sentido, o julgamento deveria servir para forjar novas memórias em Israel.

O total desamparo do judaísmo europeu na Segunda Guerra Mundial poderia agora servir diretamente como uma espécie de contraponto para o discurso da onipotência israelense e como sua justificativa definitiva. A captura do exterminador nazista pelos remanescentes do povo exterminado e seu julgamento por um tribunal judaico de acordo com a Justiça judaica destinava-se a provar a todos aqueles que acalentavam o projeto aniquilar de judeus que o sangue judaico nunca mais estaria indefeso. O tom foi definido: o Holocausto, junto com suas vítimas, não deveria ser lembrado por si mesmo, mas sim como uma metáfora, uma lição para a juventude israelense e para o mundo de que os judeus jamais se renderiam novamente. Era uma mensagem especialmente para os vizinhos árabes, aos quais o primeiro-ministro Ben Gurion havia feito referência em um discurso dez anos antes: "Eles [os árabes] poderiam nos massacrar amanhã neste país. Nós não queremos reviver a situação que vocês [sobreviventes do Holocausto] suportaram. Não queremos que os nazistas árabes venham nos massacrar".[4]

Em 1963, numa carta ao então presidente americano, John Kennedy, Ben-Gurion escreveu que, para ele, falar em "libertação da Palestina" significava falar na destruição total de Israel – ou seja, um novo Holocausto. Mas, disse o premiê, "o povo de Israel não está na infeliz situação dos 6 milhões de judeus indefesos que foram exterminados pela Alemanha nazista", sugerindo que, agora, os judeus tinham como se defender. Àquela altura, Israel já havia começado a desenvolver seu arsenal nuclear, e o Holocausto veio auxiliar a narrativa israelense para justificar a necessidade de ter a bomba atômica.

O transplante da situação do Holocausto para a realidade do Oriente Médio não apenas criava uma falsa sensação do perigo iminente de destruição em massa, mas distorcia totalmente a memória do Holocausto, ignorando a magnitude das atrocidades cometidas pelos nazistas, banalizando a agonia singular das vítimas e dos sobreviventes e demonizando completamente os árabes e seus líderes. No julgamento de Eichmann, houve referências sistemáticas à presença de cientistas e assessores nazistas no Egito e em outros países árabes, como a enfatizar as conexões entre os árabes e os nazistas e a sugerir que ambos tinham

HOLOCAUSTO E MEMÓRIA

o mesmo objetivo: aniquilar Israel. Além disso, houve referências igualmente abundantes a respeito do papel de Haj Amin El-Husseini, que foi mufti de Jerusalém e que teve conexões com o regime nazista, especialmente com Eichmann. Sempre que possível, essas conexões eram ressaltadas, como se El-Husseini fosse, ele mesmo, um dos principais responsáveis pela Solução Final e fosse o criminoso nazista que deveria estar ali no banco dos réus. Na Enciclopédia do Holocausto, um projeto internacional do Yad Vashem concluído na década de 1980, o mufti é descrito dessa maneira. Seu verbete é duas vezes mais longo que os dedicados a Joseph Goebbels, o ministro da Propaganda do Terceiro Reich, e a Hermann Göring, um dos principais líderes nazistas, e na edição hebraica é quase tão grande quanto o do próprio Hitler.[5]

A mensagem de Ben-Gurion ao seu país, por meio do julgamento de Eichmann, era dupla: o eterno ódio aos judeus ainda perdurava, apesar da existência do Estado de Israel, e o inimigo nazista ainda estava à espreita, na forma de Exércitos árabes. Assim, ainda hoje, muitos em Israel consideram "nazistas" quase todos os que ameacem o país e, portanto, o perigo de um novo Holocausto é evidente e permanente. Quem melhor traduz essa paranoia, que abusa da memória do Holocausto, são os colonos israelenses radicais como Yigal Amir, que em 1995 assassinou a tiros o então primeiro-ministro, Yitzhak Rabin, que acabara de assinar um acordo de paz com os palestinos: para Amir e seus companheiros, Israel só pode ser conquistado pela força e pelo derramamento de sangue, e quem quer que defenda a paz com os palestinos não difere, em essência, daqueles que levaram os judeus para as câmaras de gás.

Como se vê, a relação de Israel com o Holocausto mudou bastante desde a fundação do Estado, ganhando centralidade

228

política indiscutível. O Yad Vashem, memorial nacional do genocídio nazista, transformou-se em símbolo semioficial do Estado, local onde os dignitários estrangeiros recebidos pelo país demonstram respeito a Israel. E o Dia de Lembrança do Holocausto e do Heroísmo manda que o país pare dois minutos em silêncio para lembrar. Assim, à parte a profunda ambiguidade do tratamento dado à memória do Holocausto em Israel, a tragédia entrelaçou-se de vez à consciência nacional israelense, e agora a discussão é o quanto essa memória influenciou a formação da identidade coletiva do Estado judeu – e, por extensão, a formação da identidade de todos os judeus do mundo.

NOTAS

[1] Edward W. Said, *After the Last Sky*, Nova York, Pantheon, 1986, p. 17.

[2] Martin S. Jaffee, "The Victim-Community in Myth and History: Holocaust Ritual, the Question of Palestine, and the Rhetoric of Christian Witness", em *Journal of Ecumenical Studies*, v. 28, primavera 1991, pp. 230-1.

[3] Idith Zertal, *Israel's Holocaust and the Politics of Nationhood*, Cambridge, Cambridge University Press, 2010.

[4] Tom Segev, *The Seventh Million: The Israelis and the Holocaust*, Nova York, Picador, 2000, p. 369.

[5] Peter Novick, *The Holocaust in American Life*, Nova York, Mariner Books, 2000, p. 158.

BIBLIOGRAFIA

ADORNO, Theodor. *Prismas*: crítica cultural e sociedade. São Paulo: Ática, 1998.
AGAMBEN, Giorgio. *O que resta de Auschwitz*: o arquivo e a testemunha [Homo Sacer III]. São Paulo: Boitempo, 2008.
ARENDT, Hannah. *Eichmann em Jerusalém*: um relato sobre a banalidade do mal. São Paulo: Companhia das Letras, 1999.
ASSMANN, Aleida; CONRAD, Sebastian (eds.) *Memory in a Global Age*: Discourses, Practices and Trajectories. Londres: Palgrave, 2010.
BAUMAN, Zygmunt. *Modernidade e Holocausto*. Rio de Janeiro: Jorge Zahar, 1998.
BENIGNI, Roberto; CERAMI, Vincenzo. *A vida é bela*: roteiro. São Paulo: Companhia das Letras, 1999.
BLIZEK, William L. (ed.) *The Bloosmbury Companion to Religion and Film*. Londres: Bloosmbury Publishing, 2013.
BLOOM, Harold (ed.). *Bloom's Modern Critical Interpretations*: Anne Frank's The Diary of Anne Frank. Nova York: Infobase Publishing, 2010.
CAPLAN, J.; WACHSMANN, Nikolaus (eds.). *Concentration Camps in Nazi Germany*: The New Histories. Nova York: Routledge, 2009.
CELAN, Paul. "Speech on the Occasion of Receiving the Literature Prize of the Free Hanseatic City of Bremen". In: *Collected Prose*. Nova York: Routledge, 2003.
_____. *Selections*. Berkeley: University of California Press, 2005.
CERCAS, Javier. *O impostor*. São Paulo: Biblioteca Azul, 2015.
COHEN, Asher; GELBER, Joav; WARDI, Charlotte (eds.). *Comprehending the Holocaust*. Frankfurt: Peter Lang, 1988.
COHEN-PFISTER, Laurel; WIENROEDER-SKINNER, Dagmar (eds.). *Victims and Perpetrators: 1933-1945*: (Re)Presenting the Past in Post-Unification Culture. Berlim: Walter de Gruyter, 2006.
EVANS, Richard J. *The Third Reich in Power*. Nova York: Penguin Books, 2005.
FINGUERMAN, Ariel. *A teologia do Holocausto*. São Paulo: Paulus, 2012.
FRIEDLÄNDER, Saul. *A Alemanha nazista e os judeus - Volume 1: Os Anos da Perseguição, 1933-1939*. São Paulo: Perspectiva, 2012.
_____. *Probing The Limits of Representation*: Nazism and the Final Solution. Cambridge/Londres: Harvard University Press, 1992.
FREUD, Sigmund. *Conferências introdutórias*. São Paulo: Companhia das Letras, 2010, v. 8.

HOLOCAUSTO E MEMÓRIA

GUTMAN, Israel; BERENBAUM, Michael (eds.). *Anatomy of the Auschwitz Death Camp*. Bloomington: Indiana University Press, 1998.

GUTMAN, Israel. *Resistência*: o Levante do Gueto de Varsóvia. Rio de Janeiro: Imago, 1995.

HOFFMAN, Eva. *After Such Knowledge: Memory, History, and the Legacy of the Holocaust*. Nova York: PublicAffairs, 2004.

KASSOW, Samuel D. *Quem escreverá nossa história?* Os arquivos secretos do Gueto de Varsóvia. São Paulo: Companhia das Letras, 2009.

KATZ, Steven T.; ROSEN, Alan. *Obliged by Memory*: Literature, Religion, Ethics. Syracuse: Syracuse University Press, 2006.

KERTÉSZ, Imre. *A língua exilada*. São Paulo: Companhia das Letras, 2004.

KREMER, S. Lillian (ed.). *Holocaust Literature: Lerner to Zychlinsky*. Nova York: Routledge, 2003.

LANZMANN, Claude. *Shoah*: vozes e faces do Holocausto. São Paulo: Brasiliense, 1987.

LANG, Berel (ed.). *Writing and the Holocaust*. Nova York: Holmes & Meier, 1988.

LEVI, Primo. *Os afogados e os sobreviventes*. Rio de Janeiro: Paz e Terra, 2016.

MATUSSEK, Paul. *Internment in Concentration Camps and its Consequences*. Berlim: Springer-Verlag, 1975.

NESTROVSKI, Arthur; SELIGMANN-SILVA, Marcio (orgs.) *Catástrofe e representação*. São Paulo: Escuta, 2000.

NOVICK, Peter. *The Holocaust in American Life*. Nova York: Mariner Books, 2000.

OZ, Amós; OZ-SALZBERGER, Fania. *Os judeus e as palavras*. São Paulo: Companhia das Letras, 2015.

PATRAKA, Vivian. *Spectacular Suffering*: Theatre, Fascism, and the Holocaust (Unnatural Acts: Theorizing the Performative). Bloomington: Indiana University Press, 1999.

POLONSKY, Antony; MICHLIC, Joanna B. (eds.). *The Neighbors Respond*: The Controversy over the Jedwabne Massacre in Poland. New Jersey: Princeton University Press, 2004.

REES, Laurence. *Auschwitz*: The Nazis and The Final Solution. Londres: BBC Books, 2005.

SAID, Edward W. *After the Last Sky*. Nova York: Pantheon, 1986.

SEGEV, Tom. *The Seventh Million*: The Israelis and the Holocaust. Nova York: Picador, 2000.

SONTAG, Susan. *Diante da dor dos outros*. São Paulo: Companhia das Letras, 2003.

STEINER, George. *Language and Silence*. Nova York: Atheneum, 1967.

WEISSMAN, Gary. *Fantasies of Witnessing*: Postwar Efforts to Experience the Holocaust. Ithaca: Cornell University Press, 2004.

WISTRICH. Robert S. *Holocaust Denial:* The Politics of Perfidy. Berlim: Walter de Gruyter, 2012.

ZERTAL, Idith. *Israel's Holocaust and the Politics of Nationhood*. Cambridge: Cambridge University Press, 2010.

Artigos acadêmicos

DANZIGER, Leila. "Shoah ou Holocausto? A aporia dos nomes". *Arquivo Maarivi, Revista Digital de Estudos Judaicos da Universidade Federal de Minas Gerais*, nº 1, v. 1, outubro de 2007.

HAYES, Peter. "Auschwitz, Capital of the Holocaust". *Holocaust and Genocide Studies*. Outono, 2003.

JAFFEE, Martin, S. "The Victim-community in Myth and History: Holocaust Ritual, the Question of Palestine, and the Rhetoric of Christian Witness". *Journal of Ecumenical Studies*, v. 28, Primavera 1991.

KAPOSI, David. "To Judge or Not to Judge: The Clash of Perspectives in the Scholem-Arendt Exchange". *Holocaust Studies: A Journal of Culture and History*, v. 14, nº 1, 2008.

KELLNER, Hans. "'Never Again' Is Now". *History and Theory*, v. 33, nº 2, maio de 1994.

KURTZ, Adriana. "O cinema depois de Auschwitz: dilemas da representação do Holocausto". *Devires*. Belo Horizonte, v.3, n. 1, jan.-dez. 2006.

LEMKIN, Raphael. "Genocide". *American Scholar*, v.15, n. 2, abril de 1946.

RICOEUR, Paul. "L'écriture de l'historie et la représentation du passé". *Annales*, ano 55, n. 4, jul.-ago. 2000.

Folhetos

LANZMANN, Claude. "Aqui não existe por quê". Instituto Moreira Salles, 2012.

Artigos e textos em jornais e revistas

EZRA, Michael. "The Eichmann Polemics: Hannah Arendt and Her Critics". *Democratiya*, Nova York, edição 9, 2007.

FRANKLIN, Ruth. "Art Spiegelman's Genre Defying Holocausto Work, Revisited". *New Republic*, 5 out. 2011.

GORE, Al. "An Ecological Kristallnacht. Listen". *The Nova York Times*, 19 mar. 1989.

HOBERMAN, J. "Spielberg's Oscar". *Village Voice*, 21 dez. 1993.

LAPPIN, Elena. "The Man with Two Heads". *Granta* 66, verão 1999.

LEVERATTOL, Jean Marc; JULLIER, Laurent. "The Story of a Myth: The Tracking Shot in *Kapò* or the Making of French Film Ideology". *Mise au Point*, n. 8, 2016.

LLOSA, Mario Vargas. "Espantoso y genial". *El País*, 15 maio 2005.

SNYDER, Timothy. "The Ignored Reality". *The Nova York Review of Books*, 16 jun. 2009.

STEINER, George. "The Art of Criticism II". Entrevista para Ronald A. Sharp. *The Paris Review*, n. 137, 1995.

ULLMAN, Yimiyahu. "Living the Land". *Ohr Somayach*, 23. fev. 2919. Disponível em: <https://ohr.edu/8265>. Acesso em: 10 ago. 2018.

WIESEL, Elie. "Trivializing the Holocausto: Semi-fact and Semi-fiction". *The Nova York Times*, 16 abr. 1978.

Reportagens em jornais e sites

"Apesar de tudo". *O Globo*. 16 mar. 2013, Caderno Prosa e Verso.

"A Shadow Over Europe: Anti-semitism in 2018". *CNN*, dezembro de 2018. Disponível em: <https://cnn.it/2Qr3Rbw>. Acesso em: 20 jan. 2019.

"Entrevista de Dom José Cardoso Sobrinho". *Montfort Associação Cultural*. Disponível em: <http://www.montfort.org.br/bra/imprensa/brasil/20090315/>. Acesso em: 12 mar. 2019.

"Huckabee Likens Abortion to a Holocaust". *CNN*, 21 out. 2007. Disponível em: <https://cnn.it/2ZCJ0Ef >. Acesso em: 25 out. 2018.

"New Survey by Claims Conference Finds Significant Lack of Holocaust Knowledge in the United States". *Claims Conference*. Abril de 2018. Disponível em: <http://www.claimscon.org/study/>. Acesso em: 23 fev. 2019.

"OAB cria comissão para investigar escravidão de negros no Brasil". *Agência Brasil*. Disponível em: <https://bit.ly/1phJzPu>. Acesso em: 3 nov. 2018.

"President Bush Addresses the 89th Annual National Convention of the American Legion". The White House. Disponível em: <https://bit.ly/2IGXuxq>. Acesso em: 28 ago. 2018.

"Settlers Evoke Images of the Holocaust as Israeli Forces Move in to Clear them from Gaza". *The Telegraph*. 14 ago. 2005. Disponível em: <https://bit.ly/2IXiyiu>. Acesso em: 10 mar. 2019.

"When Will Anne Frank Enter Public Domain?". *Forward*, 26 out. 2015

Documentos

Registro taquigráfico de audiência na Comissão de Cultura da Câmara dos Deputados. Disponível em <https://bit.ly/2vs3otv>. Acesso em: 28 out. 2018.

EVANS, Richard J. "David Irving, Hitler and Holocaust Denial". Holocaust Denial Trial. Disponível em: <https://www.hdot.org/evans/#>. Acesso em: 14 dez. 2018.

LAFER, Celso. "Parecer - O Caso Ellwanger: antissemitismo como crime da prática de racismo". Disponível em: <https://bit.ly/2XvX2FG>. Acesso em: 23 mai. 2018.

O AUTOR

Marcos Guterman é historiador formado pela PUC-SP, mestre pela mesma instituição, doutor em História pela Universidade de São Paulo e membro da Rede Internacional de Estudos dos Fascismos, Autoritarismos, Totalitarismos e Transições para a Democracia (Refat). É especialista em nazismo e antissemitismo. Jornalista profissional desde 1989, é professor de Jornalismo Político e Econômico na Faculdade Cásper Líbero e trabalha como editorialista no jornal *O Estado de S. Paulo*. É autor dos livros *O futebol explica o Brasil* e *Nazistas entre nós* (premiado com o Prêmio Jabuti de 2017 na categoria Reportagem e Documentário), publicados pela Editora Contexto.

LEIA TAMBÉM

O PAVILHÃO DOS PADRES
Dachau, 1938-1945

Guillaume Zeller

Dentre os muitos grupos étnicos e sociais que foram perseguidos e exterminados pelos nazistas durante a Segunda Guerra Mundial, estavam também religiosos de diversas confissões, entre eles, católicos, ortodoxos e protestantes. Aprisionados atrás dos arames farpados, eles tentavam sobreviver a todo sofrimento imposto, procurando manter intacta a vida espiritual e sacerdotal. Mais de 70 anos depois de sua liberação, o campo de concentração de Dachau permanece o maior cemitério de padres católicos do mundo. De forma sensível, o jornalista francês Guillaume Zeller conta em detalhes os tormentos vividos por esses religiosos durante o nazismo, jogando luz a um dos episódios menos conhecidos de um dos períodos mais tristes da História.

CADASTRE-SE
EM NOSSO SITE E FIQUE POR DENTRO DAS NOVIDADES

www.editoracontexto.com.br

Livros nas áreas de:
Educação | Formação de professor | História | Geografia | Sociologia | Comunicação | Língua Portuguesa | Interesse geral | Romance histórico

Siga a Contexto nas Redes Sociais:
www.editoracontexto.com.br/redes

GRÁFICA PAYM
Tel. [11] 4392-3344
paym@graficapaym.com.br